企鹅人生

PENGUIN
LIVES

朱莉娅·蔡尔德

〔美〕劳拉·夏皮罗 著

万可 译

Julia Child

生活·讀書·新知 三联书店

献给芭芭拉·哈伯尔

目 录

前　言　　　　　　　　　　　　　　　　　　　　1

第一章　饥　饿　　　　　　　　　　　　　　　　1
第二章　朱莉娅教授　　　　　　　　　　　　　　33
第三章　如何把食物做出它们本来的味道　　　　　69
第四章　我的表现　　　　　　　　　　　　　　　119
第五章　真正的男人　　　　　　　　　　　　　　159
第六章　我开始非常讨厌猕猴桃　　　　　　　　　181
第七章　她真心喜欢吃　　　　　　　　　　　　　209

资料来源　　　　　　　　　　　　　　　　　　　226
致　谢　　　　　　　　　　　　　　　　　　　　228
许　可　　　　　　　　　　　　　　　　　　　　229

前　言

　　这是一只巨大的生鹅，赤裸得像个婴儿，她高举着那巨大的鹅翅膀，兴高采烈地在摄像机前摇摆着，就好像她想与这只大鸟在厨房里跳上一曲华尔兹那样。"一个五公斤重的美人！"她声称，"你可以把它切成小块，用葡萄酒慢炖，配上一款美味的酱料一起享用——快看看今天我怎么做这份蔬菜炖鹅肉，尽在《法国大厨》节目！"

　　朱莉娅·蔡尔德喜欢与食物打交道。她喜欢用手拿着大块的黄油在锅里涂上厚厚的一层，她也喜欢一边搅动厚厚的蛋奶糊，一边把食指放进去试试看温度是否够高了。她介绍一堆食材的时候，也会忍不住亲切地拍拍它们。但最能令她流露出愉悦神情的，还当是用双手处理新鲜的、白花花的肉类——小牛肉、一只鹅、一头乳猪，或者一条巨大的鲅鳙鱼。在她的享有盛名的电视系列片《法国大厨》里，她在讲解一头牛身上不同部位的名称时，用自己的身体作为屠宰图表来示范，扭来转去展示着她的背部或侧面，详细阐述着厨师与肉之间的亲密关系。"怎样做蔬菜炖鹅肉"那一集在《法国大厨》首次播出的时间是1972年11月，那个年代的美国人虽然在家做饭，但已不会自己在家宰杀食材了。朱莉娅的大部分观众买到家禽类食材时，它们都已经被清洗干净、切成块，并用保鲜膜包裹好了——早已面目全非，也就是说，可以直接拿去做菜了。朱莉娅认为，为了鼓励更多的人进入厨房开始做饭，这样的便利也无可厚非，但她还是认为每个人都应该能够轻易并正确地拆分一个动物。她知道世界上总会有娇气的、有洁癖的厨师存在，更不用说那些素食者，因为她老是收到这些人寄来的苦恼万分的信。但她很难相信人们会为了这样的焦虑，而心甘情愿地放弃他们的口腹之欲。厨师与食物之间人为强加的障碍——不论这种障碍反映出身体上、精神上、情感上还是道德上的不情愿——令她惊讶、失望和沮丧。而且，如果你打算吃鹅——鹅是朱莉娅最喜欢的食物之一，你必须买一整只鹅回家，因为在美国，买不到任何其他形式的鹅。她非常希望美国人学会做鹅肉。她谋划这一菜谱的部分原因是，这样一来她就有机会展示一下所有炊具里最重要的工具：锋利的好刀和开始的勇气。

"当鹅完全解冻后，你需要做的第一件事，就是取出鹅肚子里的脂肪和内脏。"她向观众们解释着，那只鹅被铺开在她面前的工作台上。她迫不及待地把手伸进鹅的肚子里面。"这里面有很多脂肪，一直连到它后背最下端的肛门，或者说得好听些，就是通气口。"她继续说着，一边取出大块的脂肪，把它们放置一旁。"你得留下所有的这些脂肪，因为用它们来炼油很棒。"她的声音温暖洪亮，每一句话里都会在她比较喜欢的词那里短暂停留，掷地有声。出乎她意料的是，在她摸索了鹅的脖子和内脏之后，两手空空地出来了："不知道什么原因，这只鹅这里没有脂肪。"——但她取出来了鹅的肝脏，为了比较一下，她把它放在了一个实际尺寸的新鲜鹅肝的照片旁边。"大的肝叶长约七英寸，从这里到这里。"她赞赏地指着说，"在法国，那个以鹅肝著称的国家，人们养鹅只是为了得到它们的肝脏，所以那里经常可以买到切成块的鹅肉，但是在这里却不能。"

然后她拿起一把巨大的砍肉刀，开始分割鹅肉。"用力！"鹅翅尖飞了出去。她接着用一把小些的刀把鹅的骨头剔出来，把腿也卸下来，并拆开了翅膀。（"你或许注意到了，我取下鹅翅膀的时候，还带了一些胸脯上的肉，因为这样才够一人份的量。"）这只鹅还没有处理完，她又拿出第二只鹅放在了镜头面前。第二只鹅已经分割得差不多了，因此她可以举起它巨大的身体展示腿和翅膀是连接在什么地方，并进一步地讲解分割过程。然后她用自己的一双手和一把刀，继续处理第二只鹅，使劲刮着鹅的皮、脂肪和肉，在鹅的身体上摸索感觉着，寻找每一个关节的精确位置。"这就是你要找的球形关节，它连接着鹅的肩和翅膀。"摄像机聚焦在她动作飞快的手上面。"这里是里脊，所以先把它取出来，这里是膝关节，你得拿稳膝关节，用刀割破这里的皮，你得同时把大腿和小腿一起提起来。"当她把这只鹅大卸八块后，她迅速用刀把肥肥的皮也剥离下来——"看看这么多的脂肪，它们就是……天堂……几乎 1.3 厘米厚的脂肪。"——然后她骄傲地展示着战利品。"现在有 1.8 公斤的脂肪和带油脂的皮，有 1.2 公斤的净肉，还有翅尖和其他下脚料。其实总共只有不到 2 公斤重的肉，但既然都是花钱买来的，就要好好地加以利用。把下脚料煮成浓稠的高汤，可以用来当原料做成一份美味的汤。"

经历过朱莉娅双手的洗礼之后,现在工作台上的那堆鹅肉看起来非常清新整洁。"现在可以准备烹制鹅肉了。"她宣布,并巧妙地用手给每一块鹅肉涂抹上一层面粉,"我从不喜欢在一个纸袋里给食材裹面粉。对我来说,太'女性杂志'化了。"用鹅油把鹅肉煎到焦香发黄的同时,她拿出了这份蔬菜炖鹅肉的其他食材,它们要分不同阶段放进锅里——洋葱、肥腊肉片、卷心菜——并简要地示范了关键步骤。鹅肉煎至两面金黄的时候,她把洋葱和肥腊肉片也放进了锅里,接着朱莉娅加入了红酒、高汤和一些香草。这只鹅现在要准备待在烤箱里用小火慢炖了。她微笑着把没有浸泡在汤汁里的鹅肉按下去,在锅上面放了一张蜡纸。"尤其是做去了皮的鹅,我得要好好保护它不被烤焦。"她怜爱地说。

鹅肉放进烤箱之后,她转向第二个烤箱,欢欣鼓舞地把"已经做好"的蔬菜炖鹅肉——在拍电视节目之前就已经做好了的炖鹅肉取了出来。把香嫩的鹅肉铺在一盘煮好的面条上面,旁边舀上一些卷心菜,她有时会因为太投入到做菜的过程中,而忘记她应该随时对观众说话。然而,即使她的沉默也显得生动有趣:她付诸这锅蔬菜炖鹅肉的注意力,以及她在端菜去餐厅之前的准备工作,竟也和实际的烹饪过程一样有活力。"如果盘子够大,我喜欢把所有的东西都放在同一个盘子里,因为我觉得这样更好看,但通常要有一个足够大的盘子还是有些困难,"她若有所思地大声说道,"上次我们在法国的时候,我在尼斯附近买到一些大盘子,寄了回来。"她边说边伸手去拿一碟欧芹,"如果你觉得需要加一些点缀的话,可以放上点欧芹,看,就像这样。"

坐在餐厅里,大餐盘就放在她面前,她看起来容光焕发——要迎接最激动人心的高潮时刻了。她拿起一个盘子,演示如何分餐。也许是灯光的原因,又或许是我们的想象力发挥了作用,当我们和她一起围桌坐下,在我们饥饿的眼睛里,镜头对准了朱莉娅手上的盘子,我们倾听着她描述每个人即将享用到的是什么。"这一份里有一只鹅大腿,加点面条,还有一些新鲜可口的卷心菜,最后,浇上一点点酱汁……"她描述的同时,我们仿佛可以品尝每一口食物的味道——当她说"最好的勃艮第红酒"时,我们嘴里好像真的尝到了葡萄酒的味道。在节目的最后时刻,她专心致志地给我们第二轮分餐,差点忘了结束语:"我是朱莉娅·蔡尔德,祝你好胃口!"

朱莉娅·蔡尔德不像美国的其他任何一个名人。人们在餐馆里看到她，会目不转睛地盯着她看；在街上碰到她，会开心地跟她打招呼；当她在机场出现，人们会兴奋地认出她；每当她去书店签售她最新的食谱书时，人们总是会蜂拥而至。当然，对于一个名人来说，这些都很寻常。朱莉娅的独特之处在于，她激发了人们的情感，那是一种非常直接和纯洁的情感。朱莉娅聚集了爱，激流般的爱。自从1962年第一次试播首集《法国大厨》开始，这股爱的暖流延绵不绝，并在2004年超越了她的死亡，继续传递。一位加州的粉丝曾写道："只要你的名字一出现，人们脸上就挂起了微笑。"而每当她的名字出现时，大家都叫她朱莉娅，只叫她的名字，朱莉娅。[①]一位观众写道："我觉得我已经跟你很熟了，所以我冒昧地称呼你的名。"成千上万的人发现了《法国大厨》这个节目后，都非常感激她。"我说朱莉娅，我通过电视节目已经认识了你……""我叫你的名，因为我觉得从你的节目里我已经很了解你啦……""也许你不会介意吧，我总是把你亲切地称为'朱莉娅'，因为对我来说你是一个很

[①] 一般都会称呼姓和名，只有非常熟悉的人之间才会只称呼名，不带姓。——译者注。书中所有脚注均为译者注。

要好的朋友……"在每一个播放过她的节目的公共电视台,观众来信堆积如山——那些信里,有手写的,有打字机打出来的,来自男女老幼的都有。通常人们问她要食谱,有时他们来信感谢朱莉娅,跟着她的方法,成功地做出了大餐。许多人问她用的是什么样的电动打蛋机或者搅拌机,又或是哪里可以买到打蛋清的铜碗和打蛋器。但是,一次又一次,他们写出了对她的爱:"我们爱你那双黏糊糊的手……""我们经常流着口水看你的节目,而我们的内心是充满喜悦的……""请继续做你自己!""让我首先说句我们爱你,我们爱你,我们爱你!""我们爱你,朱莉娅!"每一个电视明星都有粉丝,但朱莉娅是唯一一个靠自己的个性和个人魅力在屏幕上吸引着观众的,无须依靠编剧或嘉宾等其他介质。她没有饰演什么角色,甚至都不是以一个烹饪老师的角色出现,她展示的不是虚构的人物,没有任何政治或宗教的力量驱动着她那股感染人的热情;她从未在镜头里讨论战争和政治,从而让节目的播出显得重要和庄严。观众喜欢的是他们在电视里看到的朱莉娅,他们全心全意地相信她——"你的自然方式""你的诚实"——而且,他们都是对的。

在电视节目里的朱莉娅是做饭的朱莉娅，看她做饭就是看到她的每一个维度，看到她全心地投入。她烹饪时投入的是思想、身体和精神——就像舞者舞蹈、音乐家弹奏乐器——虽然朱莉娅在屏幕上烹饪时更像是一个舞者在排练场，而不是真正地在跳《天鹅湖》。节目的目标不是创造一个完美无瑕的虚幻故事，而是要唤醒你的技巧和智慧，这是基本要素。烹饪对朱莉娅来说充满了乐趣，她也希望其他人能体验到同样的乐趣，但对她来说，乐趣并不意味着无聊琐事。它意味着，你知道自己在做什么，你能够吸收和理解这个过程所需要的技能，然后非常高兴地开始工作。从一开始朱莉娅就决定了要如此在电视节目上做食物，这样的话，即使节目本身是轻松的，观众也会认真地对待烹饪这件事。"女性杂志化"元素在烹饪里的体现对于她来说，就是不教人任何关于烹饪或饮食方面有用的知识，而是喋喋不休地琢磨着各种"捷径妙招"——就像开些空头支票那样，看似那么诱人，却是美国人烹饪能力的劫难。就在电视系列节目首次亮相的几个月前，波士顿公共电视台（WGBH）的高管曾经试图更改节目的名称，想要更加轻松活泼，听起来不像"法国大厨"那么令人生畏。朱莉娅态度坚决，她不无讥讽地说:"那叫作《看看烹饪》如何?"她告诉他们,"法国大厨"正是她想要表达的内容。"这个名字简短扼要,重要的是,它庄严高贵,魅力独特,可以同时吸引男性和女性……如果是《看看烹饪》或者差不多的名字,听起来俗气,小女人化,可爱并且不专业。"在荧幕上下,她都不曾表示过自己是法国人或者是一个厨师,她骄傲地给自己定位为一个美国家庭烹饪厨师。但在她的每个食谱背后,她同时也是一位有多年研究经验的专家,她不能允许贬低她或她自己所选择的工作。

波士顿公共电视台的高管错了:没有人畏惧"法国大厨",当然,肯定有一些观众是自己待在客厅里,光看朱莉娅做饭就非常满足了的。即使是她的朋友们,他们大多数都是很好的厨师,偶尔也会满足于只看她做饭。"鱼肉丸子的那一集绝对是不可思议的。"其中一个朋友看到节目后也写信给她。那一集里,朱莉娅把鱼排肉搅碎,然后把鱼肉碎放进蓬松的泡芙面糊里,再一团一团地打进去奶油,直到面糊里有足够多的奶油,这样才不至于稀薄得难以成形,然后将做成椭圆形的鱼肉丸子放进锅里煮熟——相当紧锣密鼓的一系列过程,每一个步骤背后都有陷阱,稍有差池,必将前功尽弃。"观看节目的过程非常有趣，烹饪方法也都很清楚，"朱莉娅的朋友称赞道，"但我永远也不会真的去做它。"大多数观众和粉丝们并不会真的去做，但这并不会妨碍他们每周定时为了朱莉娅的节目而守候。其实鱼肉丸子不是重点。"我们喜欢看你的烹饪节目，我自己尤其喜欢——你的那些令人垂涎的方子——看着你做饭，我都能'闻到'香味，我可以肯定，它们非常好吃！"一位观众来信这样写道，"你一边做一边解说，让我们口水直流，而且那些菜看起来也是色香味俱全——最重要的是，你一边做一边尝，你就是我心目中的烹饪大师！"

这些令人垂涎的食物是这个节目的中心，但对于写这封信的观众和对于朱莉娅自己来说，"法国大厨"真正表达的，是厨房里的生活。朱莉娅认为，法国食物和美国食物的区别与差异是可以用烹饪课来弥合的，当然她坚信，烹饪课能学到的东西，远比配方和技术深远。她的每一集电视节目都有一个核心，你总能学到一些经验——有时她会直接告诉你，有时你只能从她工作的方式里看到——这些经验都是关于如何在厨房里更好地完成一项任务。不论你是打算就煮个鸡蛋，还是在接下来的两天里做出一份土耳其冻肉卷，这些经验同样管用。

这个节目简直就是美国厨师们的精神典范。朱莉娅说，随时都要动用到你的一切感官。尽力在工作上下更大的功夫，认真做事，品味细节。享受你的饥饿，并且记住你为什么会这样做。

朱莉娅自己的厨房在马萨诸塞州的剑桥市，她在那里生活了四十多年、录制了三个系列的电视节目的房子，在 2001 年正式成为一个国家级保护建筑。那一年朱莉娅满了八十九岁，她当时正准备清理房子，计划搬到加州圣芭芭拉的老年公寓去，史密森尼学会提出应该把她的厨房做成博物馆。朱莉娅同意了这个提议，一个由策展人和保护专家组成的工作小组迅速入驻这个厨房并清理出一份财物清单，包括所有的刀和墙上挂锅的扣子，甚至是每一个削皮器，以及她粘在墙上关于垃圾处理的警示便条（例如：注意洋葱皮）。然后，他们把整个厨房拆散后全部运到位于华盛顿特区的美国国家历史博物馆。在那里，他们又把这个厨房完整重现出来。除了朱莉娅用来挂她的各种铜锅的一个新的亚克力框子，因为她之前已经答应了把它赠予位于加利福尼亚州纳帕的美国葡萄酒食品与艺术中心——除了这一个框子以外，这个博物馆里的厨房就跟它在剑桥的时候一模一样。包括珈蓝德炉子、二十四个冰箱贴、塑料百叶窗、大木桌、装满了各种擀面杖的铜汤锅、她的电话机、她的《布尔芬奇神话》(*Bulfinch's Mythology*)这本书以及她写给马萨诸塞州政府的指南——全部到位。朱莉娅的厨房从她的家里搬进了美国的历史。

　　她的才能是烹饪,她的媒介是食物,但是当她在切一个土豆或者小心地侍弄一份甜点的时候,朱莉娅身上发出的所有信号都是她的个性。她的所有粉丝都很清楚这一点。他们对她慷慨的本性和丰富的技能都做出响应,甚至试着自己做一份泡芙面团,因为他们知道可以信任她。她并没有试图售卖任何东西,反而是给予了他们一切。"这个时候一定要尝一下味道,因为这时是最好吃的。"她在教大家做"女皇米饭"的过程中这样建议道。"你会体验到纯纯的香草和糖与软糯大米的完美结合。"这时,她把勺子举到唇边,闭上了眼睛,把她所有的注意力完全集中在品尝味道上,然后她抬起了眼睛,说道,"你绝不能错过这个步骤,这是身为一个厨师的很多福利之一。"她总会尝试食物的味道,不仅是为了检查调味,而是为了体会这无与伦比的快乐。

第一章 饥饿

朱莉娅很少会拒绝采访要求,多年来频繁出现的一个问题,是关于她记忆里童年的食物。她是吃着什么样的食物长大的?是什么把她变成了一个厨师、一个美食家?为什么她会积极倡导在一个家庭里厨房是最重要的地方?对于此类话题,她貌似从来没有太多要说的。她曾告诉《人物》(People)杂志:"就是些有营养的、普通的新英格兰风味的食物,也是我母亲以前在马萨诸塞州长大的时候吃的那些食物。肉类食品总是煮到全熟,她回忆说,蔬菜都是季节性的,当然,那时候还没有葡萄酒可以喝。"她的家里一直雇有一个专门的厨师,只有当厨师请假的时候,朱莉娅的母亲才会走进厨房做点苏打饼干配着威尔士干酪吃。这是朱莉娅唯一能记起的东西。所以事实是,在她长大的过程当中,食物显得并不是那么重要。她并非生来就是一个美食家,不像那些似乎还记得童年每一顿饭的味道的美食爱好者,他们甚至记得第一次吃到一口糖水桃子时的惊艳心情。她当然也不是一个天生的厨子,而是通过多年的努力学习,在厨房里经历了多番磨难,才终成正果。与生俱来的,是她那巨大的、不可阻挡的食欲。她头二三十年总是又高又瘦,关于食物的人生理想只有一个——用她丈夫的话来说:"每餐都要吃到极限。"食物就是充饥而已，没有更大的意义，直到她三十二岁那年，离家几千英里，并坠入爱河。

朱莉娅的母亲过去常跟人说，她养育了"五米五高"的孩子们，因为她有三个孩子：朱莉娅、多萝西（Dorothy）和约翰（John），他们每一个人身高都超过了一米八三。朱莉娅是大姐，稍显笨拙的她喜欢骑自行车，喜欢学校的戏剧表演，喜欢动手建造树屋，甚至躲在果园里尝试抽雪茄。她出生于1912年的帕萨迪纳市，这个城市以其财富和公民的成就而著名。她的父亲，约翰·麦克威廉姆斯（John McWilliams），就是这个繁荣城市的活生生的例子：他是一位普林斯顿大学的研究生、虔诚的共和党人，他管理运作了父亲传给他的威士顿土地管理投资公司，并在日后成为加州最大的土地所有公司和土地开发商之一 J. G. 鲍斯威尔公司的副总裁。他个人的目标和工作的任务就是要让加州蓬勃发展，他把大量的时间和精力投入到了帕萨迪纳的社区生活里。朱莉娅从小就非常钦佩父亲的纪律性和公共精神，但她同时也会对他那些狂热的右翼信念产生厌恶。在20世纪50年代，当约翰·麦克威廉姆斯成为参议员约瑟夫·麦卡锡（Joseph

McCarthy）的热心支持者时，深深觉得这个参议员十分卑鄙的朱莉娅，与父亲产生了巨大分歧。她的父亲还直言不讳地表达他对犹太人、艺术家、知识分子和外国人的蔑视，虽然她还是尽量让自己保持对他作为自己的父亲的爱，成年后的朱莉娅对父亲的言行却是无比失望的。

朱莉娅的母亲则与她父亲完全不同。她活泼、幽默，朱莉娅非常崇拜她。朱莉娅·卡洛琳·韦斯顿（Julia Carolyn Weston），大家喜欢叫她卡洛，在马萨诸塞州道尔顿的一个有七个孩子的富裕家庭里长大——她的父亲创办了韦斯顿纸业公司，并积累了一大笔财富，卡洛在这个家庭里培养出了一种她在日后也从未丢失的开朗独立。她大学就读于北安普顿附近的史密斯女子学院。在学校里，她是田径队和篮球队的明星，对这个学院的热爱，令她和一个同学发誓她们将来要把她们的女儿也送到这里来读书。母亲的早逝对于卡洛来说是一个终身无法弥补的悲哀和遗憾，她归罪于她的父亲，她认为是不停地生育令母亲日渐虚弱。遗憾的是，朱莉娅一生都没有孩子，但美国计划生育联盟是她最喜欢的组织。

为了能在帕萨迪纳社区里有夸耀的资本，朱莉娅的父母送她出城去读高中，这样她就可以进入他们所知道的最好的学校——在马林县的凯瑟琳·布兰森（Katharine Branson）学校。朱莉娅成为那里的寄宿生。这所学校规模小、学费昂贵、极受尊重，为西海岸的女孩们提供了新英格兰的传统教育，可以培养她们将来进入那些"七姐妹学院"的大学。对于朱莉娅来说，这在很大程度上是一种浪费。她的学业足以让她顺利升学，但她真正喜欢这个学校的原因却是除了学习之外的其他事情：沙滩派对、徒步探险、无数的体育活动、在《食剑人迈克尔》（*Michael, the Sword Eater*）等戏剧里出演女主角。她的各种成就和学院精神让她在毕业典礼上获得了一大堆殊荣，并被命名为"布兰森优秀公民"。从布兰森毕业之后的安排毫无悬念——她的母亲已经等待了整整十八年，要帮助朱莉娅收拾行囊升入史密斯学院。许多年以后，朱莉娅说如果当时她知道还有男女同校的大学这回事，她一定会争取进入一所那样的大学。但当时，家庭气氛和谐融洽，她也听任父母的安排，她并没有那样的野心，事实上，她几乎没有任何的野心。填写入学登记表时，学校要求她列出将来的职业计划，她写道："暂时没有职业倾向，婚姻更可取。"之后的四年在嬉笑玩闹中轻松度过了，其间穿插着少量的学习，让她感觉到没有那么无聊。她主修了历史，但后来回想起来时，她甚至说不出来为什么选了这个专业。她在毕业舞会上的舞伴是她家族的朋友，因为她的个子要比附近的阿默斯特学院里绝大部分年轻男孩高出许多，当她毕业的时候，婚姻还连八字都没有一撇，比她入学时的"职业"规划落后了好多。

回到帕萨迪纳后，朱莉娅花了一年的时间做了些她的朋友都做的事情：参加各种派对，打打高尔夫球，参与青少年联盟，还去参加各种婚礼。然后她决定要把控好自己的人生，是时候成为一个小说家了，或者在出版社里找一份工作。她参加了一个速记课程，与两个史密斯学院里的朋友一起搬到了纽约，在1935年的秋天，在东五十九街的一个公寓里安顿下来。令朱莉娅惊愕的是，她没有得到《纽约客》（*The New Yorker*）的面试机会，她在《新闻周刊》（*Newsweek*）的入门级打字测试也不及格，所以，当被斯隆公司（W. & J. Sloane），一家位于第五大道的家具店的广告部门聘用了的时候，她感到无比的自豪和欣慰。

在接下来的一年半时间里，朱莉娅负责撰写公司新产品的新闻通稿，并投放到纽约的各家报社。她并非一个家具行业的专家，但她是一个学得很快的人，而且她很喜欢写东西。"当你全身心地投入一个派对，非常努力地做好了一些三明治时，它们看起来别致、尝起来美味，可是当有客人因为好奇三明治里面的夹心是什么食材而掀开偷看的时候，你的三明治就会大失姿色，变得邋邋遢遢。"一气呵成的文案，"斯隆公司给你的解决方案是——一种形状好看、有漂亮颜色的小木签，可以放在三明治的盘子里，做'三明治标识'：看到蛋头先生，说明盘子里是鸡蛋三明治；笼子里有一只可爱的小老鼠，说明是奶酪三明治；小狗代表肉类三明治；一条船说明是鱼肉三明治；一头小猪则说明是火腿三明治。这貌似是一个非常好的想法。"最后那一句话显得有些绝望——除了用一只老鼠，朱莉娅想不出更好的办法来让人识别奶酪三明治。

朱莉娅就写类似这样的文案，并且以此获得报酬：每周二十美元，之后加薪到每周三十五美元——但是斯隆公司和纽约对她的吸引力并没有持续很长时间。搬到纽约的第一年年底，她曾坠入爱河，那是一段令她激动的时光，随后她被抛弃，这又令她伤心欲绝。她一直在纽约坚持忍耐到1937年5月，然后她回到了帕萨迪纳。

朱莉娅回家后不久,她年仅六十岁的母亲死于高血压并发症。她父亲想让她待在他身边,所以她顺从地缩小了生活范围,整天待在家里。当史密斯学院的就业部门通知她有纽约和巴黎的工作机会时,她毫不理睬。相反地,她开始尝试时尚写作,成为加州一份新兴的、名不见经传的《海岸》(*Coast*)杂志的专栏作家。她因家庭的关系得到了那份工作,干得很努力,负责写一些最新潮的服饰以及穿衣搭配的报道。但事实是,这位日后自己穿着一条裙子、一件普通上衣、一条围裙,揣着一块洗碗巾并以此形象出名的女人,真的并不在乎什么人穿什么、怎么搭配。"讨厌的工作",她多年后回想起那份跟时尚有关的工作时这样说道,而当那本杂志破产时,她大大地松了一口气。然后斯隆公司贝弗利山庄分店想让朱莉娅去做广告部经理,这是店里的一个新职位,要担负相当大的责任——她创办了广告部办公室,要管理十万美元的年度支出预算,并策划和执行了店里所有的广告,但仅仅几个月后,她就被解雇了。"我不觉得奇怪,"她坦率地在她的简历中写道,"那个职位应该换一个对业务比我更加熟稔的人来担任。"

朱莉娅的社交以及做志愿者的活动则成功得多:她

举办了很多派对，并在青少年联盟里投入了极大的精力，她写了很多儿童戏剧，有时还参与表演。她也为联盟的杂志撰稿。她有了追求者——哈里森·钱德勒（Harrison Chandler），他的家族拥有《时代镜报》（Times-Mirror）。朱莉娅差点动心了，后来发现自己其实根本不爱他。婚姻的先决条件，在她看来，是"友谊、共同兴趣、极大的互相尊重，好玩有趣"。与钱德勒相处下来后发现，他没有达标。此时的朱莉娅已经接近三十岁了，开始感觉到她可能根本就结不了婚。凭借着之后在她人生历程中引导她度过生活中大大小小无数危机的那份镇定，她独自消化了这个可能性，一往无前地走了下去。

但她改变了方向。她开始想象自己作为一个单身女人的生活，她意识到自己丝毫没有作为一名帕萨迪纳社交名媛来度过余生的愿望。1941年秋天，得到战争即将到来的消息，她开始在当地的红十字会办公室做志愿者。珍珠港事件后，她加入了防空勤务，然后参加了公务员考试。她变得越来越讨厌待在家里的生活。一场危机席卷全球，而在过去五年里，她除了陶醉在自己的世界里，没有任何建树。现在这个国家需要所有人——这一次，即使是女性也被号召服役。这无疑是在世俗和家庭责任筑起的、通常把女性隔绝在内的高墙上打开了一扇难得的窗口。像上百万的其他人一样,朱莉娅抓住了这个时机。她填写了加入陆军妇女队和海军妇女队的申请表后,迫不及待地前往华盛顿,在那里她失望地发现,身高一米八八的她不能参军入伍。所以她接受了她能找到的唯一可以与战争有关的工作:在美国战时情报信息中心办公室里往索引卡上打字。这份工作极端单调乏味。她于三个月后辞职,对未来完全没有方向,但她一分钟都没有考虑过要回家。她早与过去一刀两断。战争给了她一个未来,而她抓住了它。

"我开窍得非常晚。"朱莉娅有一次这样说。她所指的并不是她三十四岁才结婚,也不是她三十七岁才开始自己的终身职业,更不是五十岁才开始制作电视节目。她所指的茅塞顿开,是当她意识到童年终于结束,感觉到她可以集中精力成为自己想要成为的人的那一刻。那一刻发生在战争期间,在一个锡兰茶园里临时搭建起来的军事办公室里,那里炎热无比,充满压力。之后,当她回顾这个转折点的时候,她几乎无法相信自己在一个异乡待了这么久——她说的异乡并不是锡兰,而是帕萨迪纳。

她在华盛顿真正想做的事情是加入新成立的战略服务办公室（OSS）。外号"狂野比尔"的威廉·多诺万（William Donovan）将军带领这个办公室成员，正在谋划将来会在欧洲和远东地区成为一个极其庞大的间谍和情报网络的工作站。不清楚朱莉娅当时是否希望成为一名间谍——她完全不是个可以在不知不觉中消失在人群里的人——但此时她是打字和归档的大师，还有她的背景也使她成为多诺万最想雇用的那种女性。OSS招聘人员曾经透露，多诺万理想的下属是"毕业于史密斯学院、体态像鲍尔斯公司的模特、工作像凯蒂·吉布斯学院出来的秘书"。朱莉娅刚好符合这几点。她在OSS总部作为一个归档员展开工作，当听说多诺万在海外建立了军事基地，正在招募志愿者时，她立马报了名。虽然她略懂一些法语和意大利语，但她没有要求被派驻欧洲。她确信自己肯定会在战争结束时独自走访欧洲，甚至在国外住上一段时间。为了这个愿望，她每周要上三次法语课。但是眼下有一个机会，让她可以探索一个完全意想不到的地方，一个与她以往的生活范围相差十万八千里的地方。她要求去印度，并于1944年3月乘坐一艘运兵船从加州出发。

当他们一大群男人和少数的几个女人全部抵达目的地时,任务变了。新的 OSS 基地在锡兰,海军上将路易斯·蒙巴顿(Louis Mountbatten)勋爵在康堤的山区里指挥着东南亚司令部。"我们的办公地点是一排棕皮小茅屋,当中有水泥小道相连,周围都是些本地的工人,到处布满了铁丝网。"朱莉娅在日后变成 OSS 总部的茶园里,给家人写信时说道。虽然她有一面用来发出紧急信号的镜子,也做好了随时进攻或被捕的准备,但她的主要工作还是文书方面的。朱莉娅的任务是筹建并管理登记处,这是一项艰巨的任务,她在一名助理到来之前的几个月里,都是独自一人在工作。这个登记处要处理所有关于中缅印战区情报的高度机密文件,朱莉娅创造了一种可以跟踪所有信息和快速访问这些信息的方法。

这里有朱莉娅从来没有见过的昆虫,有大象和热带暴雨,有高尔夫球赛以及超额的工作量,所有这些对她来说,如沐甘霖。原始的生活条件没有困扰她,她在自己的办公室里冷静地处理着那些至关重要的战时机密。当十个月后 OSS 将业务转移到中国时,朱莉娅被转派到昆明去建立一个登记处。她已经厌倦了整天忙于文书工作，她想要看到另一个新的国家，纵使是那段以不可预知的危险著称、飞越喜马拉雅山的航程也没有打乱她的泰然自若，那也是她性格的一个特点。她 OSS 的一位同事记得一次从印度加尔各答到昆明的航程中，他们坐在一起，飞机在穿越冰风暴的时候，周围的人都吓得发抖。朱莉娅却沉浸在一本书的阅读当中，丝毫不为所动。当他们最终安全到达机场时，她愉快地看了看四周，说道："这里看起来就像是中国。"

朱莉娅经历的这场战争被称为"正义的战争"。她在一个之前自己几乎不知道它存在的世界里经历了二战，身处异国他乡根本不值一提。最超乎她想象的是她的同事们，那一群多诺万招募的学者和专业人士。她成长的环境里都是些有钱又有闲的人，他们不乏旅游和接受教育的机会，却把所有时间花在高尔夫球和派对上。她后来形容那些人为"很多年迈的戴着有色眼镜的共和党人，女人们只知道去不同的儿童辅导班，他们毫无建树"。现在，在战时的兴奋和人们之间增强的亲密感中，她遇到了有着迥异世界观的人们。他们当中有"传教士、地理学家、人类学家、精神病学家和鸟类学家"，这些人主动选择了自己喜欢的工作，并且全身心地投入到这些工作里。他们说着外语,渴望品尝外国的食物;他们热情、经验丰富,并充满了冒险精神。她的思绪如脱缰的野马,她终于来到最适合自己的地方,找到了志趣相投的人群。

还在布兰森学校时,那是她高中的最后一年,朱莉娅的一篇诙谐散文发表在一本文学杂志上。文章开头是:"我像一片云。"她写道,自她出生以来,因为泪腺的发达,哪怕受到最轻微的情感刺激,她的眼泪也会开始泛滥。坐在电影院她总是会哭得稀里哗啦,令周围的人难堪。然而这并不意味着她是一个感情脆弱的生物,她强调说,两者相去甚远。尽管她看起来爱哭又脆弱,"但在我的内心深处,我坚硬如一颗钉子!"

不,她并没有坚硬如一颗钉子,不论是在学校时还是以后。她投射出来的温暖是真实的。但朱莉娅有一个非常坚定的核心,一种如宪法精神般的力量,这些都帮助她顺利地度过了她生命中的头三十年,没有受到太大的伤害,亦没有自怜自艾,而在同样情况下,其他的女人或许会经不住那些强烈的打击。如果不是因为个子太高,以她的魅力,应该不乏浪漫史。她沮丧地意识到她在史密斯学院上学的那几年,大部分的时间都浪费掉了,她的职业作家梦没有实现,亦没有在商业职场得到发展,反正一切就是一团糟。而三十岁还是单身的状态，就好像一枚耻辱勋章，宣告她作为女性的不足之处。这一切都没能扭曲她的心灵或者令她变成神经质。朱莉娅是不可能被打倒的——她的性格里没有一丁点自我毁灭性，虽然她几乎丝毫没有察觉到，但她的信心是那么坚不可摧。她清楚地知道，是多诺万的团队工作拯救了她，也是因为处于战争年代，她才找到了一条明路，若是在和平年代，这一切几乎是不可能的。她往后一直把OSS的信号镜放在厨房的一个抽屉里。

她在锡兰遇到的最重要的人，是那个即将让她成为朱莉娅·蔡尔德的男人。朱莉娅有一种自然而然地吸引朋友的能力，自然得就像她开怀大笑那样，他们两人一见倾心。除了她的社交能力和在登记处工作时令人印象深刻的技能，保罗·蔡尔德（Paul Child）还发现了自己与这位来自加州、高大、活泼、善良的女孩有几个共同点，他们不同的背景并未造成任何障碍。她从小受到的教育就是要按部就班地去走父母已经为她铺好的坦途，因为没有太多经验，她显得很单纯，保罗认为，她的内心还住着一个小女孩。相比之下，他生活在一个男孩的冒险故事中，扮演其中的一个角色。他的父亲曾在史密森学会的天体物理天文台工作，已于 1902 年过世，当时保罗和他的孪生兄弟查理（Charlie）只有几个月大。他们的母亲，柏莎·库欣·蔡尔德（Bertha Cushing Child），带着这两个男孩和他们的姐姐搬回了她的家乡波士顿，那里是她从小长大的故乡。作为一个训练有素的女低音，她通过教学和表演来养家，还在波士顿交响乐团和亨德尔与海顿社区的表演中大受褒奖。与此同时，两个男孩学习了小提琴和大提琴，他们的姐姐则开始上钢琴课。当他们都对自己的乐器熟练了以后，柏莎组织了一场名为"蔡尔德夫人和她的孩子们"的四重奏沙龙演出。音乐只是保罗众多职业中的第一个。高中毕业后，他曾在一个彩色玻璃车间当学徒，学习切割玻璃和上釉，然后他去西边发展。在接下来的几十年里，他曾在好莱坞做过服务员，在意大利的一个美国家庭里做过家教，在巴黎做过一名木雕艺人，还在新英格兰的几间私立学校里当过教师。其间，他获得了柔道黑带，稍后更是成了一个狂热的摄影师、画家、园丁和一个诗人。在 OSS 的时候，他在视觉展示小组工作，他们小组准备各种地图、图表和图形。当他在茶园的阳台上遇到朱莉娅的时候，他正在筹备康堤的作战室。

筹备作战室正是保罗最擅长的事情。事实上,他在之后与朱莉娅共同的生活当中,也做了很多次类似的事情:在家里和电视台演播室里,他搭建了朱莉娅的高性能厨房。他对于分析事物充满热情,在试图通过图像、设计和语言来弄清楚无垠的宇宙的过程中得到了极大的乐趣。吸引他的众多学科之一是通用语义,一种他研究了多年的语言哲学。通用语义的追随者们会强调永远都不精确的词汇与事物之间的关系,他们喜欢使用各种缩写,因为它们暗示着,无论你怎样表达,总是有没表达出来的东西存在。保罗试图完整地表达。他不断地给他的兄弟查理写信,一页又一页,用他优美的字迹来描述他的日子、他的思想和他的工作。他对于写信这件事的奉献精神和投入,就像荷马一样,书写着自己一生的《奥德赛》。

保罗在很大程度上是不会轻易动感情的,但他的情感生活一直都满满当当。在战争年代,他深陷在女人的问题当中。他在巴黎和马萨诸塞州的剑桥生活了十七年,和一个名叫伊迪丝·肯尼迪(Edith Kennedy)的女人在一起,这个女人大他二十多岁。功成名就、才华横溢、精于世故的肯尼迪在1942年死于癌症。三年之后,保罗仍无可救药地想念着她。"曾经沧海难为水，我也不断地意识到这一点。"他不无哀伤地在给查理的信里写道。在他离开美国之前，一位他非常信任的占星家向他透露他的未来。"在1945年4月后的某个时刻，"占星家说，"你可能会爱上一个女人，她聪明、引人注目、美丽大方，是个多面手，尽管是个现代女性，她还是会做个好的家庭主妇。"1945年的春天到来的时候，保罗还是孤身一人，他充满悲伤，没有性生活，不耐烦地等待着占星家的预言成真。

真命天女到底是谁？他身边不乏一堆候选人。不知道是不是南希（Nancy），在他的信里代号叫黑珍珠，黑珍珠是他和查理给特定的一类女性取的代号，她们看起来比较像著名的芭蕾舞者，身上散发着一种他俩都喜欢的女性品质。保罗有一次曾经这样描述他的黑珍珠们："她们拥有这个战乱年代所缺少的东西，在这个男人横行的世界里，需要一种生命的延续性和永久的同情心，人们需要共情和安慰。"但是南希却爱上了另一个男人，保罗最终还是放弃了她。那会不会是珍妮（Janie）？一个漂亮的吉卜赛姑娘。她非常喜欢小动物和人，她画的画很有特色，是个世俗的、诙谐幽默的姑娘。她会说马来语和法语，而且都说得很好。"但我们的关系并没有持续太久，我命中注定的女人或许是罗莎蒙德（Rosamond），"他激动地写道，"她不是一个黑珍珠，但是一个非常有趣活泼的人，她会说法语和汉语，尽管她是一名女子曲棍球运动员，可是她的身材非常棒。"但是罗莎才二十多岁，太年轻了，很难长久地有趣下去。"我要等到何时才能遇到一位成熟美丽的女性，既有大脑、性格又好，精于世故还要充满感性？"他痛苦地大喊道。终于，她出现了——玛乔芮（Marjorie），肯定就是玛乔芮了。"她非常聪明，知识面很广，反应非常迅速，敏感又幽默，她很认真地对待生活和生活当中存在的问题与各种可能性。对于这样的女性，你肯定也会一见倾心的。"但是玛乔芮跟着别人走了。

接二连三的情场失意以及时而想到自己或许会孤独地度过余生，他写下了这首荒凉的诗：

> 似监狱的电网紧缠着我的骨头
> 承受着心底隐秘的信息。

> 荒芜，这无垠的荒芜啊——
> 甚至没有一丛灌木——

岩石下没有澎湃而出的从容，
亦没有蝴蝶与金凤花。

空洞得好似傻子的眼睛。

跳动在我的身体里的这些脉搏。
不能浇花，不可施肥。

爱就是那苦涩，
堆砌在沙粒上的苦涩。
爱迷失了、爱从未收获、爱从未实现。
这拥挤的世界，如同穆尔兰那样寂寥，
如同大海中央的一只飞鸟。

  同时，他的身边还有朱莉娅。她给他留下印象主要是由于她的美好品质和美腿。他们认识三个月之后，他寄了一张她的照片给查理，字里行间描述得更多的是照片里那个有高低床的房间，而不是照片里这个女子。朱莉娅躺在一张简易的床上，伸长了腿——那是两条长度有些夸张的腿，她穿着一条裙子，戴着珍珠项链，抹了口红，涂了指甲油。她拄着一个手肘，两腿交叉，看起来稍微有点别扭，好像有点故作腼腆的意思。"随信附上的照片里是朱莉娅，一个来自帕萨迪纳市，身高一米八八的'大长腿'，"保罗写道，"这是一间典型的不到二十平方米的小房间，里面有棕垫、椰子棕榈叶编织的墙、木制百叶窗，还有挂了折叠蚊帐的军用床。"他补充道，"请帮我保存这张照片。"但我们不清楚当时他要保留照片是为了朱莉娅的倩影，还是希望保留他对那个房间的详细记录。在那之后，他写了一份详尽的关于他的新朋友朱莉娅的分析，其中明确指出了许多她这辈子永远不会成为他梦想中女人的原因。"她的脑子可能还不错，但她做事经常不过脑子，所以显得非常草率。"他告诉查理，他指责朱莉娅年轻时因为凡事都被父母包办，而无法深入地观察生活中任何细微的差别。"她竟然这样说：'我不知道为什么印度人不把英国人踢出国门了事'，以及'我不明白他们在那个可怕的干瘪小老头甘地身上都看到些什么'。"即使现在，我们也很容易就能想象出朱莉娅发表这些评论的样子。率直的性格始终陪伴她的一生，暂且不论她是否清楚自己在说些什么，她就是喜欢直言不讳并欣然接受任何可能产生的后果。把她从之前那种狭隘的思维里解救出来的,是一种她骨子里就有的、愿意尝试新想法和新观点的习惯。她总是渴望学习,不会只是因为熟悉某一个观点,就去盲从地坚持某一个信念。保罗对她的思想的判断是不完整的,但在1944年的时候是对的,而他正是那个即将负责点燃她心智的人。

对于朱莉娅来说,爱上保罗则是件轻而易举的事。一部分原因是,仓促但永久地,她已经倾心于整个OSS团队和它所代表的文明的生活方式,而保罗就是这些全新价值观的象征。他的成熟使她目眩神迷地倾倒,让她很容易就忽略了他比她年长十岁,以及他留着的那撇完全不适合他的小胡子这些现实。同样重要的是,保罗非常喜欢女人,面对身边这么一位强壮的、能力非凡的女性,他没感到任何负担——尽管这位能干的女性经常俯视着他。虽然朱莉娅在异性面前很害羞,但她愿意去尝试,她觉得保罗的经历简直就是他的优势。这个男人享受他所有的生理欲望,她亦以满腔热情去回应他。对食物的渴望是她熟知的状态。对一切的渴望是一种启示。这个奇妙的新环境里,没有任何人或者任何事与她平庸的过去有丝毫相似之处,尤其是保罗,她必须与他交往。

保罗花了整整十八个月,才发现朱莉娅是"非常可爱的、令人愉快的"女子，但仍无意对她展开攻势。她彼时还是一个处女，他是这样给查理汇报的："她或许害怕异性。"——而这样的状态绝对没法吸引保罗。他做出的判断是："她就是那些老掉牙的歌曲和故事里相传的老处女。"她们都只是在意识里沉迷于性，却无法在现实中处之泰然。"我为她感到很惋惜，因为我清楚地知道如何疗愈她，但我不知道谁能胜任，"他写道，"我仔细思量过了，很明显的是，即使会获得些报酬和愉悦，但我深信，她有种种不足，包括世俗知识的缺乏、草率的思维方式、狂野的感情主义、传统框架的束缚，不一而足的瑕疵，对于我保罗大博士来说，试图去治愈她还是要担太多的风险。"更重要的是，他被她唐突的言语和举止激怒了。"她有些轻微的歇斯底里，这让我很心烦，谈话时她会过分强调某些观点，讲到兴奋处又会大声喘气。"他告诉查理——当时的他并不清楚，朱莉娅的这类习惯，将来会被他自己以及她的粉丝们深深爱上。但在彼时，这只是导致朱莉娅达不到他的理想要求的诸多原因之一。

所以他们开始了一段友谊，仅此而已。朱莉娅毫无胜算。"我不喜欢这个对于很多男人来说极具吸引力的想法：一个男性雕刻家，以自己对一个女人的渴望为灵感，去塑造一个女性雕塑。"保罗向他的兄弟解释说,他从未想象过,爱情本身可能就是一个善于揉捏黏土的雕塑家。他和朱莉娅一起去看电影,在锡兰某些地方旅行。他被转派到中国之后不久,她也同样被调往中国,在那里他们一起观光游览,一起吃了很多顿饭,聊了很多。他们经常谈论的话题是食物。保罗以前在巴黎待了很多年,是一个在食物方面知识渊博而又满溢着热情的食客。朱莉娅很喜欢这些话题——当然喜欢得多过一般的语义,但是在她看来,当他们共进晚餐时,最令人愉悦的元素是保罗。尽管如此,当他们一次次愉快地谈论着口味、食谱和各地烹饪文化时,她那敏锐的才智在自己和这个令人欣喜的男人之间的交流里,派上了大用场。保罗很快就确信,他邂逅了一位和自己有着相同爱好的美食家。"她是一位美食家,她非常喜欢烹饪,喜欢谈论食物。"在认识她几个月之后,他不无倾慕地告诉他的兄弟。他在音乐方面也能找到很多话题,她则兴趣不大,她在史密斯女子学院读书时,选修了音乐课程。("她致力于音乐。"保罗赞许地告诉查理。)在他眼里,她的缺点,当然是过于严肃。但他非常珍惜在这段友谊里,她所具备的品质:专一、幽默、韧性、独特的性格。在他们认识了大约六个月后,他写道:"朱莉娅是一个善良的人,一个温暖又机智的女孩。"又过了几个月后,变成了:"我亲爱的,温暖可爱的女孩。"认识一年之后,是这样的:"朱莉娅……令人愉悦的慰藉。"最后,在 1945 年 8 月,他为她的生日创作了一首十四行诗。而这与他写那首以"似监狱的电网紧缠着我的骨头"开头、极具绝望意象、描述荒芜和孤独的大海的诗歌,仅仅相隔了三个月。现在他完全开启了莎士比亚模式,这全得归功于朱莉娅。

> 朱莉娅的脸蛋,好似温暖的秋日
> 满是自然的恩赐,自然的财富
> 她的拥抱,又像那夏日的热浪
> 最终,她融化了我的冻土
> 赋予了,苏醒的广袤大地
> 新绿的光泽
> 和微笑的花朵
> 土地里所有的财富
> 逐一涌现,回应着她的魔法力量
> 甜蜜的友谊啊,就如丰收的轮回
> 自撒种至饱满的成熟

> 而光亮的暖秋，证明了
> 土壤的富饶，人类的获益
> 我把这丰盈投掷在你脚下
> 奉献给夏天，和她的热情

不过，直到战争结束，他们之间的进展也不大。他俩都担心，这份关系中的所有喜悦，不过只是一种战时的特殊产物。也许朱莉娅所说的"热情友好"也是植根于他们对彼此相伴的巨大享受，而没有强大到足以令他们超越现有关系，步入婚姻的殿堂。朱莉娅痛苦地意识到，她与保罗曾经的挚爱伊迪丝·肯尼迪相去甚远，肯尼迪是那么别致、聪慧，以及保罗最喜欢的一点——"老于世故"。多年以后，他们婚后移居巴黎，当她去迪奥的时装表演现场，欣赏着那些"被轻微踩躏过的世俗模样的模特们"，她承认那些模特的样子是她永远不能企及的。（"喝牛奶长大的，粗壮的家庭妇女，这就是我。"）但是目前她只希望这不会是一个不可逾越的问题。他们在中国的时候，虽然分隔两地，但是也计划要与彼此的家人会面，要用现实生活去考验他们的关系，那时候，谁也不知道未来会是什么样。朱莉娅回到帕萨迪纳，保罗则回到华盛顿国务院。1946年的上半年，他俩还是异地相处，通过书信往来，憧憬着未来。然后他们发现，原来彼此是如此思念对方。如果一开始真的只是"热情的友谊"的话，现在双方都觉得这种强调友谊的关系，已经开始站不住脚了。哪怕才刚收到她的"保罗斯基"的两封信和一摞照片，朱莉娅便写道："我内心充满温暖，渴望爱欲，我想要你在我耳畔呢喃……"而他则写道："我是多么希望看到你、抚摸你、吻你、和你聊天、与你共进晚餐……或许，吃了你，我需要朱莉娅疗法。"

朱莉娅知道的是，不管保罗那边的情况如何，她自己并不想在帕萨迪纳安顿下来，但她不知道该何去何从。她已经厌倦了文书工作，然而战争已经结束，她现在回到家里，与当初离开家时相比，她并没有带回任何具体的职业规划。她真正想做的是和保罗结婚，但她又难以对他启齿，所以写信给他的时候，都是尽量仔细谨慎地告知她的计划。也许她应该在好莱坞找份工作？"我不确定，因为我人生地不熟，"她若有所思地说，"我觉得不值得再去找一份'注册信息'的工作，我也不想要一份年薪少于四千美元的工作。我想要一份我能够从中学习并成长的事业，这样，我会遇见很多人，经历很多不同的情况。还有,我总是可以去华盛顿找份政府部门的工作——嗯,这个我比较喜欢。"

但很明显,至少在朱莉娅看来,她待在帕萨迪纳的实际目标是努力成为保罗·蔡尔德的太太,这个目标在某种程度上与他们会否结婚以及什么时候会结婚,是截然不同的问题。除非保罗发现她就是他的真命公主,否则他们的婚姻是毫无可能的,而她自己知道她还不是他心目中的"她"。她不愿放弃自己的身份,她想要扩大自己的兴趣去迎合他的口味,然后化解他俩之间的隔膜。保罗劝她读读亨利·米勒(Henry Miller),她心情复杂地读了,她认为那是很华丽的写作,但是充斥着性方面的描写,这令她不是那么自在。她还跟着《华盛顿邮报》(*Washington Post*)和《纽约时报》(*New York Times*),开始去了解语义、心理学以及政治。她开启了一趟令人兴奋的知识冒险,所有这些也能拉近她与保罗的距离。"太多的东西是如此吸引我!"她告诉他,并在这句话下面画了八条横线。当她转而开始烹饪时,也是同样的思维框架,烹饪、爱以及不断学习,在她的余生里都是紧紧相连的。

还有学习——认真、刻苦、循序渐进地学习,自从她第一次在柜台上顺手拿起一本食谱书去上班那一天起，学习就一直是她生活的中心。朱莉娅并没有人们常说的作为"天生的厨师"的所谓天赋。尽管她非常喜欢享受食物，但当时她的厨艺一般。她绝对不是那种有神秘天赋、可以进厨房后不久就端出一顿美餐的人，在那天之前，她从来没有瞥过一眼食谱或认真称量过任何食材。看食谱书本该是有所帮助的，她用律法学者的信心和热情好好研究了一番。但那些菜谱似乎总是非常简要。有一天，她完全按照一本食谱书里的方式，尝试做一只烤鸡，耐心等到书里所指示的时间去查看成果的时候，发现早已焦糊成炭。她觉得如果自己想要做出让保罗也乐意品尝的餐食的话，一定需要学习一些课程。

有两位英国女士，玛丽·希尔（Mary Hill）和艾琳娜·莱德克利夫（Irene Radcliffe）在贝弗利山上开了一家"希尔克里夫烹饪学校"（Hillcliff School of Cookery），1946年春天，朱莉娅每周去上三次课。她雄心勃勃，相当勤奋。但当她回家把所学的新知识付诸实践时，完全没有像预期的那样做出美味来。她用脑花做了一道菜，在锅里完全变成糨糊；因为她忘记在鸭子的皮上面戳些小洞，那只倒霉的鸭子在烤箱里炸开了花。她掌握了如何制作蛋黄酱——"只要掌握了技巧,蛋黄酱非常非常简单。"她得意扬扬地告诉保罗。然后有一次她尝试用猪油代替黄油,就悲剧地发现她的蛋黄酱整个凝固成一团糟。偶尔也有战果:她和一个朋友一起做了一顿十二人的精致晚餐,包括三种开胃小菜、牛排和腰子馅饼("馅饼的酥皮绝对是一流的"),还有豌豆和生菜,用了法式烹饪法。有一天她早上6点半就起了床,打算给全家人做一份丰盛的早餐,在有些歇斯底里的两个小时之后,还没有任何食物放到餐桌上。"厨房里一片狼藉,饿极了的家人们跑进厨房,在我身边吵着要吃的,然后我把咖啡打翻在地板上,烫到了人,他们开始不客气地嘟嘟囔囔,我把他们轰了出去,关上房门大哭了一场。"多年后她回忆起那次经历,仍然是糟糕惨痛的记忆。

朱莉娅把这些经历都写信告诉保罗,不论得到的结果是赞赏还是贬责。在他们分居两地的这几个月里,食物远比书籍或政治更加有吸引力,变成了他们之间的火热连接导线,也是他俩战争结束后那一段看似如此难以捉摸的关系的一种隐喻。"我觉得我的存在只是为了再次见到你、热烈地拥抱你,然后一口吞掉你。"朱莉娅这样写道,然后保罗就建议她搬到华盛顿去,成为他的厨师——"我们可以吃掉对方。"这也是令朱莉娅开始高度紧张地研究各种食谱、发奋图强地实践希尔克里夫烹饪学校的课程，并开始举办餐会的真正原因。她做菜时用的每一杯面粉和每一根香草似乎都散发着她对保罗的渴望。他也开始渴望相聚。那年7月，他突然出现在帕萨迪纳，两个人跳进了朱莉娅的别克车，横跨全国一起开到了华盛顿。

旅途真是最佳人品测试剂：在炎热漫长的夏季，他们白天上路，晚上就住在便宜的汽车旅馆里。朱莉娅出发时打包了八瓶威士忌、一瓶杜松子酒和一瓶预调马提尼。她和保罗一样是个好司机，保罗也表示赞同，然后发现原来他们有共同爱好，喜欢停下来看同样的东西——葡萄酒庄、蟹肉罐头厂、各地代表性建筑以及大自然。朱莉娅从不抱怨一句，吃得好睡得香，好像在享受一场豪华旅行，她还涂了脚指甲，帮保罗洗了衬衫。"这个女子不错。"他告诉查理。在他们到达尼亚加拉大瀑布的时候，他清楚地知道自己恋爱了。

朱莉娅凭借着坚定的决心，达到了她辉煌的终点：保罗一开始印象里的"情感混乱的'老处女'"现在却变成了他的北极星。当他在一封给弟弟的信里，想要仔细分析自己这份觉醒的感受时,保罗试图弄清楚到底发生了什么事。是朱莉娅彻底改变了,还是他自己发生了变化?后来他想明白了,是朱莉娅改变了。朱莉娅确实变了,或者说她打开了自己思想和人格的某些领域,在保罗之前,没有人能够看到的领域。然而,当他继续罗列出自己最喜欢她的什么,他没有强调她新得到的知识技能,而是更加看重她总是让人感到温暖的性格,若干年后还是同样的性格,影响了数以百万计的人。"她从来不扭捏做作。"他写道,这精准地定位了之后她的观众们最喜欢她的素质,"她非常坦然地表露她就是喜欢吃,并且喜欢调用自己的感官,她也有着异常敏锐的鼻子……她开朗大方,有着令人愉悦的幽默感,她热爱生活,热爱生活里所有的日常小事……她有着深深的魅力和人情味。因为工作关系,我会遇见形形色色的人,我一直被人们的这种气质所吸引,不论他们是来自旧金山的精明人,还是来自西北部的矿场主和农场主……她总是实话实说。"他还赞赏地指出,她根本没有那些"可怜的太太们关于两性间的拘泥礼节",对于一个恋爱方面没有什么经验、年近三十四岁的女人来说,这也很令人意外。一个月后,他们结婚了。

第二章 朱莉娅教授

朱莉娅·蔡尔德在法国第一餐的典故已经被人重述多次，最能绘声绘色地讲这个故事的，还是朱莉娅本人。1948年，她和保罗住在华盛顿，对于他职业生涯的前景，当时还是一片迷茫，当国务院公布要派他长驻巴黎，成为美国信息服务处（USIS）的展览官员时，他们简直欣喜若狂。他们于11月3日抵达勒阿弗尔，一下船，他们开着那辆别克车，直奔首都巴黎。接近午餐时间他们来到鲁昂。餐馆名字是"皇冠餐厅"，"保罗用他那优美的法语点了菜。"朱莉娅回忆道。她在《来自朱莉娅·蔡尔德厨房》（*From Julia Child's Kitchen*）一书中关于鱼类的那一章里，充满爱意地描述道：首先上来的是牡蛎和夏布利酒，然后是壮观的黄油炸鱼摆在他们面前。"那鱼金黄香脆，在碎香芹面糊的包裹下，热气四溢，旁边还围了一大圈诱人的诺曼底黄油，"朱莉娅写道，"吃进嘴里就是天堂，鱼肉是那么新鲜，味道清淡、肉质紧细，与焦香黄油汁完美融合的味道，令我的味蕾应接不暇，我被彻底征服了。"这是一道传统菜式，每一个细节都处理得相当到位，加上了黄油的馥郁之香，几乎综合了她历来所喜爱的法式烹饪的精华所在。1975年她出版了回忆录，作为烹饪界的经典怀旧画面，那个版本里她加入了斯万正在蘸玛德琳蘸酱，还有费雪（M. F. K. Fisher）在热暖器上烘橘子的描述。

十二年后，朱莉娅在为一本书撰稿的一篇关于圣诞食物记忆的文章里再次写到关于她在法国的第一餐，她也描述了那辆相同的别克车，同样到达鲁昂，同样的餐厅，却是不同的菜单。"我们开始先吃了牡蛎，接着是他们的一份著名的鸭肉，"她写道，"保罗点了一个成熟多汁的考密斯梨做甜点，还吃了一大块卡门贝尔奶酪，我只是吃了些点心。"居然没有提到黄油炸鱼？谁知道怎么回事呢？很可能她忘记了早期的版本，甚至可能和更早期的版本里她比较喜欢的其他菜单混淆了。保罗在当天写给他弟弟的一封信里也描述了他们在法国的第一餐，说到他们幸福地吃了牡蛎那"浓浓的海味"和鳎鱼，而并没有写具体的烹饪方式。但是鳎鱼，尤其是黄油炸鱼，在他们初到的第一个星期，一次又一次地出现在他写的餐厅用餐记录里——"朱莉娅吃了一份可口的黄油炸鱼"，"朱莉娅不停地说黄油炸鱼有多好吃"，"朱莉娅想要下半辈子就待在这里一直吃黄油炸鱼"。朱莉娅也在家书里写道："黄油炸鱼，刚出锅时又酥又脆。"很显然，这简单的新鲜鱼肉和黄油给她留下了非常深刻的印象。至于鲁昂的著名"鸭肉",我们不清楚这个菜是怎么混入了她的记忆的,不过朱莉娅爱讲故事,也爱吃鸭肉,或许那天她写文章的时候,她的烤箱里正烤着一只鸭子吧。2000年,《美食家》(*Gourmet*)杂志请她描述一下"最难忘的一餐"时,她再一次愉悦地回忆到了勒阿弗尔、别克车、鲁昂的餐厅和鸭子——这次她描述的是"炭火烤熟的、鲁昂著名的板鸭"。这些交错的、怀旧的记忆里浮现出来的,是各种事件本身带来的感动,这些感动随着他们的船靠岸的那一刻,转化为持续了好几个月的狂喜。那样的欣喜若狂是她永远不会忘记的部分,从来没有出入。

朱莉娅和保罗在巴黎定居后不久,一位老妇人告诉朱莉娅,法国"就是一个大家庭"。对朱莉娅而言,那就是她的大家庭。在他们最喜欢的米肖德餐厅,她不断看到成群结队的人围坐一桌庆祝着,桌子上总是堆满了无数的美味——香槟、鸡肉、沙拉、奶酪、坚果,每个人都轻松自如、充满善意、吃吃喝喝聊聊。"这令我们想到了东方,"她写道,"可能是因为两者都是从旧时文明发展出来的,他们都享受生活中综合的物质和文化。"朱莉娅在这里如鱼得水。法国给她的印象是非常自然和朴实的,同时亦非常文明。法国人相信生活里的乐趣——食物、饮料、性生活、礼仪、谈话、宠物还有孩子,壮丽的巴黎都只是人性化的一部分,享受这样的生活像呼吸一样重要。然而享受这些来自生活的礼物,意味着用开放的态度去珍惜、讨论,甚至争论,让它们通过人们的欣赏而变得更加有意义。这个国家的所有人都致力于做"世俗"的人。不久,她开始上贝立兹学校的法语课:这段时间对她来说,最重要的是先熟练掌握法语。她被这个城市吸引得心醉神迷,她打开了所有的感官,渴望体会到更多,她也要听到这个城市的各种声音,商店和街道上嘈杂的声响,她想"讲讲讲",让自己在流动的生活中找到立足之地。"哦,就是如此!我每天都爱生活多一些。"

他们在协和广场对面,塞纳河左岸的大学街81号找到了一套公寓,这是一幢古老的私人住宅。他们的房间在三楼,房间和窗外的那些屋顶一样都充满了法国气息。松垮的皮革壁纸、镀金的椅子、各种模型和无处不在的镜子,朱莉娅称之为"19世纪晚期的凡尔赛宫"。顺着一个狭窄的楼梯上去,有一个宽敞的厨房,只是对于她的身高来说,那些电器小得好像她置身于一个过家家的玩具炉子前。她当即决定她会完美幸福地永远住在那个公寓里。她甚至觉得很遗憾的是她错过了20世纪20年代的巴黎，那是一个保罗亲历过的时代，她很开心的是，偶尔会碰到像柯莱特、香奈尔、安德烈·纪德还有西尔维亚·比奇这样的人物。有一次，蔡尔德家举办了一个法国国庆日的聚会，保罗邀请了爱丽丝·图克拉斯（Alice Toklas），他在20年代的老相识。她来了，喝了一杯酒，然后就离开了。图克拉斯是那么娇小玲珑，戴着一顶巨大的宽檐帽，只有朱莉娅坐下来，而图克拉斯站在她对面时，朱莉娅才可以看到她的脸。

朱莉娅在头几个月里花了很多时间学习法语，抱着一张地图和一本字典满大街闲逛，不断品尝各式美食。她所吃到的每一口食物都充满了令人兴奋的味道：香肠、蛋挞和小点心、蜗牛、布里奶酪、"多汁的大梨"以及甜到令她几乎昏厥的葡萄。像大多数他们在巴黎的法国和美国朋友们一样，她和保罗有一个女佣帮他们做饭和打扫卫生，但这样的生活过了几个月后他们就让她走了。他们不喜欢必须按时出现在餐桌上就餐，而且女佣的烹饪技术有些让他们失望。朱莉娅觉得用女佣做的那般平庸的饭菜来招待宾客是非常尴尬的事情——她自己做的或许有所不足，但是也有成功的时候，每当这时，她都会非常骄傲。"除此之外，"她写道，"如果我不能去逛菜市场，真是件令人心碎的事。那些可爱的、怡人的、美味的、令人垂涎的、友好的、有趣的地方啊。一个人如果不去逛菜市场，怎么能熟知一座城市的内在？"所以他们雇了一个清洁女工，每周两次来打扫卫生，朱莉娅高兴地开始自己做饭。在菜市场，她仔细查看一个猪头，认真挑拣水果和蔬菜，呼吸着面包房飘出的香味，精心挑选一个陶罐，或从熟食店买一个肉饼，并且和各位店主闲聊。在法国，食物利于交际：每个人都对萝卜或腰花有着自己的见解，而能够加入这全国性的话题——并且用法语！——是朱莉娅的幸福。

　　冬天过去了，她发现自己有很多闲暇。她从未厌倦巴黎本身，或是那些在巴黎的快乐日子，但是她对于自己缺乏一个人生大方向这样的事实有些不满意。她和保罗很想养几个孩子，但她已经三十六岁了，有孩子的可能性似乎越来越渺小。她觉得肯定有某种她能做的职业，会带给她生活所需的物质以及生命的目标。那么，做帽子……如何？她确实有那么一点跟时尚有关的背景，战前她曾为《海岸》杂志工作过（她忘记了自己当时有多恨那份工作），而巴黎无疑是这些东西的首都。她开始参加一些课程，甚至为自己做了一条裙子和一顶帽子，并穿戴着它们去参加了一个婚礼。"很可怕,太糟糕了。"事后她承认。保罗也考虑到了她所面临的问题,他有一天跟 USIS 的图书管理员提起这件事。这位图书管理员是一个对巴黎很熟悉的法国人。"朱莉娅喜欢做什么呢?"这位图书管理员问道。或许是艺术?音乐吗?运动呢?保罗反应了片刻,然后果断地说:"她真心喜欢吃。"然后他手里捏着蓝带学院的地址回了家。

尽管蓝带学院历史悠久亦久负盛名,但那时已经陷入了经营不善的状况,朱莉娅在 1949 年的秋天入学。锅碗瓢盆没有人洗、厨房设备有很多破损、到处布满了灰尘,烹饪班连原料食材都不够用。更让人恼火的是,朱莉娅发现自己被安排与两个从未进过厨房的女人一起上课,她们完全要从"幼儿园阶段"开始学习。被折磨了两天之后,她设法把自己调到了一个专业课程班。在这里,她发现了十一个退役的美国士兵,为了培养他们成为餐厅厨师,政府有专门的经费送他们来参加课程,由一位长期沉浸在经典法式烹饪的口味与技术里的大厨担当老师。这才像样啊。他们每天的课程从早上 7 点半开始,朱莉娅和那些老兵一起给蔬菜削皮,一起切菜,在自己做酱汁、炖肉、蛋奶糊的时候,或是老师布置其他作业的时候,他们一起观看老师,一起用极快的速度提问。"这是一个对任何人都很开放的地方,"朱莉娅告诉她的家人,"作为唯一的女人,我很小心地不出风头,但在某种程度上我表现得冷酷无情(必须要保持冷酷无情并且很现实,但表面上要保留甜蜜和文雅)。"9点半的时候,下课了,朱莉娅回到家里,学以致用,准备自己和保罗的午餐。然后她回到学校去参加下午的示范课程,全神贯注地看着厨师们准备完全专业的舒芙蕾甜点、冻肉卷、水果面包布丁,还有她雄心勃勃想要攻克的翻糖蛋糕。然后她回到大学街,兴奋地开始做晚餐。"那天看完老师炖牛肉之后,我立马回到家,做出了我有史以来做得最美味的一份炖牛肉。"她的家书里喜气洋洋。"我的厨艺一直都在不断揣摩的过程中,这些课程让我更加确定了方向。"她发现她最喜欢示范课程,因为她可以从头到尾看着大厨做完一道菜,并且总是受益匪浅。"大厨会告诉我们食材成分和比例,详细解释他所做的每一步,还会做出一些小注释。"

朱莉娅的师父是大厨麦克斯·巴格纳德(Max Bugnard),当朱莉娅遇到他的时候,老先生已经七十四岁高龄了,六十年前,他从学徒做起,开始了他的职业生涯,后来搬到伦敦,跟着法国著名厨师埃斯科菲尔(Escoffier)本人一起工作。巴格纳德正是把朱莉娅塑造成为一位厨师的导师。这位慷慨博学的大厨成为朱莉娅心目中一位烹饪界的典范,跟他所学到的东西,在她的余生始终为她的事业掌舵。巴格纳德举止庄重,这得益于他的学习、他的经验以及他对工作的尊重;而对朱莉娅来说,这样的感性永远是区分一名真正的厨师和那些半吊子业余者之间的差异所在。"他有着奇妙的'为艺术而艺术'的老派态度,凡事必须完美无缺,"她在给一个朋友的信里这样写道,"和这样的人共事让我备受鼓舞。"

巴格纳德的课程所达到的水平,远远盖过了蓝带学院里的不足条件。他厨艺精湛,朱莉娅经常说他的水平堪称无可挑剔、炉火纯青。他给朱莉娅讲解和演示法国烹饪的精确方法,监督并纠正了她的做法,她之前一直努力却徒劳地敲打的厨艺之门,最后终于向她敞开。多年来她曾经尝试了无数的食谱,却屡战屡败,好不容易做出了一样很棒的菜,还没有来得及享受胜利的喜悦,再做一次却又一败涂地;本来打算做个简单的晚餐,却晚上 10 点都没吃上——现在她终于了解为什么出现差错了。现在她可以学习。朱莉娅整天都在做吃的,每天晚上也在不停地做吃的,甚至整个周末也在做饭。当她不做饭的时候,她就会忍不住不断地买各种筛子、打蛋器和铜锅等下厨工具。在巴黎跳蚤市场里一条小巷的尽头,她买到一个超大的大理石臼,大到保罗必须把它扛到肩膀上才能走回停在两英里之外的车上,但他非常乐意。"朱莉娅的厨艺确实在不断提高!"保罗告诉他的兄弟,"实话告诉你,我一开始并不相信上课会对她有任何帮助,但事实是她的厨艺确实是进步了。"

鸭子、兔子、鱼和鸡蛋,每一道菜的每一步,从原材料到最后的装饰装盘,除了使用最基本的厨具,其他全部是用手在做,这一切都让朱莉娅仿佛置身于天堂。这正是她所需要的:明确、清晰地把每一道菜都做出它本来该有的味道的指导方式。她不再是厨房里运气糟透了的傻瓜。她万分激动:每一天,再也没有神秘的失败,取而代之的是结构、系统和逻辑。原来最棒的烹饪技术的秘密就是没有秘密。你只需要有好的老师和方法。

研究法国烹饪不仅仅是一个吸收传统规则和方法的问题:朱莉娅学到的是,调动她所有的感官去烹饪,深刻多面地去了解那些在美国厨房里已经越来越多地被遗弃了的食材原料。自从19世纪末以来,每一代人都是直接购买越来越多的已经被加工处理过的食材,这些食材来到你手上的时候已经被清洗、切割、包装,有时甚至是在工厂里已经被部分烹调好的半成品。这样的便捷容易使人上瘾并产生依赖,所以广告业也据此创造出了令人印象深刻的论据——他们有一个口号:这些尺寸统一、无菌的产品,"未曾被人类的手接触过",使得烹饪听起来更加现代以及更加卫生。为什么要像我们可怜的祖母不得不做的那样,笨手笨脚地在厨房收拾那些臭臭的鸡内脏,胡萝卜皮削得到处都是,显得周围乱糟糟的呢?

从头开始做饭仍然是大多数家庭中能够保持的标准,但那些妇女口中所说的"从头做起"的定义和标准却是不断变化的。朱莉娅报名进入蓝带学习烹饪的时候,在美国,一餐从头做起的晚饭可能包括来到厨房前已经磨碎成肉糜并做成肉饼的汉堡牛肉、瓶装的番茄酱、新鲜的土豆以及罐头里的豌豆,最受欢迎的美味甜点是成品果冻,而且还必须是人们喜欢的特定颜色,比如说大红色。与之形成对比的是,在法国,做一餐饭的意思是,要保持与食材原料的亲密关系。朱莉娅要学习的是,手里拿着一个写好的方子,然后靠感官去体会这个菜谱,比如，体会如何在跟着方子做菜的每一步，都留下一定的空间，让食物本身告诉她下一步做什么、有怎样的可能性。当米饭长时间泡在牛奶中烘烤之后，它的香味该是怎样的？蛋白被打蛋器打到刚刚好的时候，看起来又是什么样子呢？一份菜里面要放多少肉豆蔻，才能调出菜的好味道又吃不出来明显的肉豆蔻味道呢？她用这样的方法贪婪地学习着。她或许不具备一个天生厨师的禀赋，但她有着灵敏的味觉以及一双灵巧的手。而且她喜欢食物的感觉，她喜欢让自己的感官在厨房肆意驰骋，她喜欢用双手打理那些生肉和蔬菜，她享受在烹饪过程中闻到食物的香味。学习烹饪是令人心醉的事，她就像尝到了人生的第一口香槟。在蓝带学院学习了三个月后她给家里写信："已经开始小有所成，我可以在我的手上、我的胃中、我的灵魂里感受到。"

然而，朱莉娅学到的东西越多，就越看到她要走的路还很长。学习烹饪就好像学习拉小提琴，她通过认真研究发现，二者面临的挑战是相同的：需要不断重复地培训和练习。鱼贩和肉贩都有着火眼金睛，他们特别善于识别哪些客户分不清东西的优劣，有的人真的完全不知道他们所买东西质量的好坏（"虚张声势是行不通的，你必须要真的成竹在胸。"她给家里写信时说道），她下定决心要"完全了解"菜市场和厨房里的每一样东西。有一天，朱莉娅花了整整四个小时的时间研究一份龙虾食谱——在打字机前，而不是炉灶上。她已经做过了那只龙虾，她可以完全不用看菜谱就能再做一份同样好吃的出来，现在她只是想把整个过程都用语言形容出来。"要完善这个已经很好的做法，使它完全精确，做到滴水不漏、无懈可击。"她在家书里写道。她在做了一轮大规模的美式蛋黄酱的研究之后，对比了所有资料，写出了更加详尽的"研究报告"，然后接着开始研究法式蛋黄酱。这些小研究论文是朱莉娅写给自己的。她想要看到自己呈现出来的是有史以来最明确、最完美的食谱，这样她便随时可以把自己掌握的技巧信手拈来。有些时候，失误仍然不可避免。她在蓝带学院已经学习了好几周之后，一天，她为一个朋友做了一顿午餐，结果端上来的东西是"除了在英国之外我能够想象到的最最最粗鄙的鸡蛋佛罗伦萨"[1]。她没有称面粉的重量，结果酱变得过于浓稠，因为找不到菠菜，所以她就用菊苣来替代，结果是令人

---

[1] 是一种在英式麦芬上面加煮鸡蛋、蒸菠菜和荷兰式蛋黄奶油酸辣酱的类似三明治的简餐。

厌恶的残局。朱莉娅是否能对这些偶尔爆发的愚笨释怀呢？或许她过不了自己那一关，但她并不打算让客人发觉到她的内疚和郁闷。必须要吃下这些不够完美的食物已经够糟糕了，客人们不应该违心地称赞自己吃到的是美味。"当他们勉为其难下咽的时候，我尽量小心翼翼，一言不发。因为我觉得女人们不应该为自己做出来的食物道歉。"她给家里人写道，"如果做出来的东西是粗鄙的，厨师必须默默忍受，呵呵一笑接受这个事实，而不是乱找借口搪塞，无须言语解释。"她给所有女主人的建议，一句名言——"永不道歉"就是在这样不断的锻造当中产生出来的。

朱莉娅工作得越努力，就越对蓝带学院的课程不耐烦。那些美国老兵们并没有取得太大进展，所以课程进度缓慢，并且开始重复。"哪怕都已经过去六个月了，他们还是不知道贝夏梅尔酱的原料比例，也不清楚如何用法国人的方式去清理一只鸡。"她埋怨道。她受够了学校，但还有很多东西要向巴格纳德大厨学习，所以她结束了学校的课程，并聘请了大厨私教她六个月，其间她也不断地练习。学习了一年之后，她觉得自己已经可以参加获取蓝带学院文凭的考试了。这时，她遇到了一个问题。蓝带学院的主任布拉萨特夫人（Madame Brassart），一直都不怎么喜欢这个高个子美国女人，因为这个女人自以为是地认为以她的水平还要去上业余班的课程简直是浪费，想方设法进了专业班，却又在课程几乎快结束之前退出了。现在她居然胆敢来要求一份文凭。这位主任拒绝为她安排考试。越来越愤怒的朱莉娅等了好几个月才被允许参加考试，而且还是当朱莉娅写了一封信给她，暗示了美国大使馆将想知道为什么一名美国籍的学生会被蓝带学院以如此恶劣的态度来对待，布拉萨特夫人这才大发慈悲，允许她参加考试。当朱莉娅终于顺利通过了考试并可以获得证书时——布拉萨特夫人以朱莉娅还没有完成学业为借口，拒绝发给她真正的文凭——证书上的日期是 1951 年 3 月 15 日，是朱莉娅发给她警告信的两个星期前。主任想要掩盖她的迹象。多年来，朱莉娅把布拉萨特夫人列入了她所憎恶之人的名单上，这份名单里，参议员约瑟夫·麦卡锡稳居首位。

这次考试本身令她非常失望，因为都是些肤浅的东西，其中甚至没有涉及她花了巨大的热情不断练习的那些复杂的程序。布拉萨特夫人决定给这个自负的学生一个初级考试，那样的考试一般是为随便上一个为期六周的初级课程的家庭主妇而准备的。朱莉娅被激怒了,更重要的是因为她考试时竟然搞砸了不少。她在笔试部分做得不错,笔试里她描述了如何做一种棕色的高汤、如何烹饪绿色蔬菜,以及如何做一份法式蛋黄酱。但在烹饪的实操部分,她到处犯错。考试做一个鸡蛋,她做成了水煮荷包蛋而不是考试要求的带壳煮嫩蛋;她在做香草奶油和焦糖蛋奶汁的时候放了太多的牛奶,还忘了口袋牛肉片里的配料都有哪些(牛肉、煎蘑菇丁和火腿片,煮熟后再放进一个纸袋里加热)。朱莉娅把蘑菇整个煎了而不是切成蘑菇丁,还有她完全忘记了火腿这回事。"都怪我自己,我确实应该好好背一下他们发的那一小本教材的。"她在一封家书里承认,"我脑子里只想着鳎鱼排、鸡胸肉、维纳绨纳酱等等,我忘记了关注主要的东西。"在口袋牛肉片上的失误没有打扰到她,反正也不是什么大菜——"是那种一个新为人妇的小女子会在第一次宴请她的老板夫妇的时候,想要给人留下深刻的第一印象的那种菜式。"整个过程令人沮丧:她本来可以做出完美的酱汁、肉饼和慕斯;也可以在不把鹅的皮撕裂的前提下去除它的骨头;她本来甚至完全可以在十二分钟之内,完成把一只鸡从清洗、剔骨到切小的过程,只是在被要求做些简单的东西的时候，她反而把自己绊倒了。当朱莉娅开办自己的烹饪学校时，她曾发誓，她要"通过友好的态度、对学员的鼓励，以及专业的知识和技能，把学员培养成好厨师"，而不是像卑鄙的布拉萨特夫人那样使一些下流的阴招。而且，她严厉地指出，布拉萨特夫人是个比利时人，根本就不是一个法国人。

在这几个月的密集烹饪过程中，有一位朋友想到朱莉娅可能会愿意见一下另一位美食狂女西莫娜·贝克·费士贝彻（Simone Beck Fischbacher）——她们的相遇对于朱莉娅来说，就跟她遇到保罗的那一天同样重要。这是她在烹饪界的第一个灵魂伴侣，这个女子可以帮助朱莉娅把课堂烹饪与现实生活中的法餐家庭烹饪完美平衡。大家都叫她席卡，她从小生长在诺曼底一个有很多仆人的富裕家庭里，但从孩提时候起，她就发现厨房对她有一种不可抗拒的吸引力，很小就走进厨房练手了。她长成了一名才华横溢的、凭直觉做食物的家庭厨师，除了在蓝带短暂的学习之外，她完全是自学成才，在蓝带的时候她学习到了大量的方子和技巧，之后则是自己不断扩充。席卡品尝到的每一样食物似乎都可以给她带来灵感，朱莉娅曾说她才思泉涌。和朱莉娅一样，她已婚，但是没有孩子,做饭是她生活的中心。自从相识后,她俩就不断地谈论法国食物,一直到四十年后席卡辞世。她俩的友谊,每年都有新的进展,在普罗旺斯的山坡上,她们都为自己添置了第二个家,在那里,她们开启了自己的职业生涯,酝酿出一个巨大的共同目标——研究法国烹饪的每一个方面。她们互称"胖女孩"(ma sœur)和"我的大宝贝"(ma grande chérie),她们像一对亲姐妹,任何争论都未曾影响到她们的亲密关系。对于朱莉娅来说,在最初的那几年,席卡本身就代表着法国——心爱的、鼓舞人心的、非常刺激的,以及,所有食物的根本。

席卡参加了法国唯一的一个女子美食俱乐部,在当时的法国,高级烹饪是一种戒备森严的男性专利。在一间三星餐厅里,没有女厨师,甚至没有女服务员;那些大家共进午餐或者一起享受晚宴的精英俱乐部活动,从来不会邀请任何女性;最受尊敬的"经典美食"方面的权威们全都是男性。当然,分布在法国各省的女人们也为法餐烹饪做出了一些最杰出又有特色的贡献,也可以从那些厨师身上看到,他们所受到的他们母亲的烹饪的影响,胜过任何其他的影响。但女性的烹饪只是怀旧的乡愁,而男性的烹饪才代表着威望、独占性以及金钱价值。

这种性别差异的唯一例外是"Le Cercle des Gourmettes"——美食家俱乐部，从1927年开始，一群热爱美食的妇女定期聚会，这个俱乐部的促成源于一个小事件：男性美食界会举办各种丰盛晚宴，女性有时可以作为嘉宾参加这些宴会。在一次这样的场合里，大家围坐在餐桌前，一个男人慷慨陈词，说着古老的真理：女人们对于精美的食物和葡萄酒一无所知。埃塞尔·埃特林根（Ethel Ettlinger）夫人——一位几十年来一直生活在法国但显然没有适应这里的美国人，跳起来愤怒地提醒那个男人，在所有的家庭里，是女性主宰着厨房，是她们负责安排餐食和培训厨师。女人们随即决定自己搞一场富丽堂皇的宴会并且邀请那些男人来参加。她们在一处借来的酒庄里举行了晚宴，安排了每一道菜的介绍用一首小号曲子做伴，她们轻易地证明了，女性同样可以像大众所知的男人那样，把钱花在美食美酒上。（而且这些女人自己也没有必要亲手做那些美食美酒，根本不用比那些男性美食俱乐部的男人做得更多。）之后，这些女人给自己的俱乐部取了名字，几十年来一直定期举办活动和聚会，通常是参加一个由一名厨师精心准备的午餐聚会。任何美食爱好者都可以在上午10点来参观并帮厨。席卡定期出现在这些烹饪课上；而朱莉娅，在认识席卡后立即加入了这个俱乐部，只要时间允许，她从没错过一次聚会。

这些午餐很久以后都在她的记忆中熠熠生辉。她曾经说这些午餐标志着"我的法国美食生活的真正开端"。那些她一直热烈追求的传统，像一个可食用的立体模型一样，在她眼前竖立起来，加上真实的厨师和客人，完满地体现出来。"我很快意识到我之前从未真正生活过。"她回忆说。"总是有一道优雅的头盘，例如新鲜的洋蓟酿羊杂，配上法式松露蛋黄酱，或者最精心烹制的白煮鱼配上嫩煎蘑菇丁和龙虾尾，再加上奶油蟹蓉酱。主菜可能是去骨鸭肉，或当季的禽类猎物。然后是甜点，一份生梨冰沙，配上盛在坚果蛋白霜里的红酒炖梨，或许是一个漂亮的慕斯，一个巴伐利亚造型的慕斯，或具有异国情调的法式夹心蛋糕。"当然，还有葡萄酒，大量的葡萄酒。这些聚会上她最喜欢的是，大家一起忙着，一边八卦聊天一边做出各种夺目的美食，还有坐在这些一谈到食物就兴致勃勃的女人当中，大家一起热情如火地大快朵颐。她特别喜欢俱乐部成立伊始的那些会员，一群七十多岁的旧世界的贵妇，享用午餐时都像些饥饿的少女。通常朱莉娅不喜欢全部都是女性的社交场所，她回家后总会抱怨那个聚会连一个男人都没有，但这个美食俱乐部则不同。她从来不知道会有这么多女性让她觉得愿意亲近，她开始骄傲地把自己划分进美食家人群。

在美食俱乐部里有一个叫路易赛特·贝尔索勒（Louisette Bertholle）的巴黎人，是席卡的朋友。虽然她没有席卡那么热衷于厨艺，也没有朱莉娅的学习热情，保罗·蔡尔德称她为"一个可爱的小傻瓜"——路易赛特聪明、时尚而且热情奔放。这三个女人在一起，酝酿了开一所学校的想法，也许在路易赛特的厨房里，她们可以教美国人烹饪。在她们仅仅是有这个打算，还在考虑做成的可能性时，朱莉娅的两个朋友从加利福尼亚来到了巴黎，并问朱莉娅，能不能给他们上些烹饪课程。1952年1月，朱莉娅、席卡和路易赛特在匆忙之下开始了她们的烹饪学校，用的是朱莉娅的厨房，因为路易赛特的厨房正在翻修。那是一个很小的非正式的烹饪班，强调的是"主人厨师"的角度，"L'École des Trois Gourmandes"（"三个美食爱好者"烹饪学校）从五个学生开始，并在美国大使馆的内部通讯上做了一条小通告。"聚会于周二和周三的上午10点，在保罗·蔡尔德夫人的家里开始。该课程费用为两千法郎，包括一份大家一起动手准备、一起享用的午餐。我们有三个经验丰富的教师，会教大家一些基本方子、用餐礼仪和高级烹饪。"朱莉娅向自己的家人承认，当时其实三位教师并没有完全准备好，但她们用最快的速度学习适应。她知道，她要付之以终生的事业刚刚开始。

这些课程成了所有日后在电视节目和书籍里面教学的模板。课堂的气氛是"舒适、有趣又非正式的"，每当一个学生出现一个错误时，朱莉娅会发起一个小讨论，找找究竟错在什么地方，以及如何避免再犯。学校运行了几个月之后，朱莉娅自己写出了"随谈"——每次为期两天的课程伊始时她会给大家做一个小演讲。虽然她不太可能每一次都用同样精准的语言，但很显然，她已经形成了一些基本规则。"我们的目标是教你如何烹饪，"她这样开场，"我们即将为你们展示法国烹饪的基本功，当你掌握之后就可以按照一个食谱方子，或者根据你自己的喜好发明'小菜一碟'。我们认为，当一个人学会快速有效地使用一些工具后，就可以自己发明出各种捷径……我们给你的这些食谱都是最基本的方子，几乎没有花哨的修饰。""我们希望它们尽可能地清楚和完整。我们想让你感觉到，在课堂上做的东西，你是真的完全理解了。""我们囊括了所有你需要的：重点强调的基础知识、对精确和清晰的承诺，以及在烹饪当中建立自信的终极目标。"后来，保罗设计了一个校徽：一个在圆圈里的阿拉伯数字3，被"École des Gourmandes"的文字环绕一周。朱莉娅后来的几十年一直佩戴着这枚"勋章"，当她出现在《法国大厨》的电视节目上时，这枚校徽总是别在她的衣服上。

每一堂两个小时的课程，朱莉娅教授会把当天要做的食谱打印出来分发给大家，她还准备了详细的教学计划，使每个教员——朱莉娅、席卡和路易赛特都清楚地知道究竟什么时候应该做什么工作。例如在1952年3月12日，那一天的课程包括白酱洋葱炖小牛肉，调味饭和白饭，金合欢花沙拉和两个甜馅饼：香蕉塔和水果塔。课程首先由朱莉娅教授的介绍性发言开始，然后开始做白酱洋葱炖小牛肉，朱莉娅教授教大家如何处理牛肉、红葱头和西香芹，席卡负责教大家洗切洋葱和蘑菇。（至于路易赛特，因为陷入了一个可怕的婚姻旋涡，当时正在试图从中走出来，所以早些年她比其他两位投入的教学工作要少。）计划书上是这样写的：在这段时间，朱莉娅教授负责淘米、烧水煮饭。席卡则接手弄奶油，然后朱莉娅教授做沙拉和牛肉的酱汁，席卡最后调和一下奶油和蛋黄。（显然这堂课进行得很顺利，朱莉娅在旁边写上了"很棒的菜单"。）某一天的课程计划里有洛林乳蛋饼、泡芙酥皮、波尔多牛排和蛋白酥皮奶油蛋糕……朱莉娅承认菜单有点"太腻"；而另一次她发现那天的食谱对于初学者来说，太复杂了。不过，不管烹饪课上出现什么问题，每一堂课都是以老师、学生和他们的客人——通常是一两位丈夫，大家开心地共进一顿成功的午餐而结束。没有烹饪课的时候，朱莉娅和席卡一起在厨房里把她们的教学食谱捣鼓成朱莉娅所称的"科学性工作前提"。它们必须是"非常准确"的，她告诉家人，要精确到多少吉利丁配多少液体、多少蛋黄酱，才能在一条鱼上做出漂亮的花饰。在她的要求下，家人给她寄来了一套量杯和量勺，这些东西当时在法国是闻所未闻的。

朱莉娅也会给人上一对一的课程，第一次是给一个想学习泡芙的法国女人上课。尽管朱莉娅之前已经做了几十次，认为自己已经完全理解了，她还是在正式上课前自己又做了一次练习，并分析了教学方法的每一步，以确保整个过程是清晰准确的。即便如此，上课的过程中还是出了两个错误。后来，她想通了，她仍然缺乏那种可以定义一个好厨师的"神圣的自信"。"我希望每一步的技术都是完美的，"她坚定地告诉家人，"如果出现错误，那也是故意的。"随着时间的推移，她可以想象在她自己的学校里教烹饪课，她想象着那会是在他们华盛顿房子的厨房里。

许多用于"三个美食爱好者"烹饪学校的方子源自席卡和路易赛特，她们两人多年来一直致力于一本专为美国人写的法餐食谱。她们的想法是写一本涵盖广泛的食谱，其中应当包括葡萄酒、奶酪和法国区域特色菜，必须全部是正宗的法餐，但用英语写作并计划在美国出版。路易赛特是半个美国人，在美国有许多朋友和关系，她在一次纽约之行时带上了手稿，给一个叫萨姆纳·普特南（Sumner Putnam）的人看了，他是艾夫斯·沃什伯恩出版公司（Ives Washburn）的头儿。普特南很感兴趣，但他对食谱书没有任何经验，也不确定市场的反应会如何。此外，当时的手稿可以说很不像样。席卡和路易赛特是用法语写的食谱，虽然她们已经做了粗略的英文翻译,但仍然需要大量的编辑工作。普特南聘请了一位既是食谱书作者也是翻译的人,赫尔穆特·瑞普吉尔,来完成这份工作,让他从这些手稿里收集一些简单易上手的方子,做成一本书名叫《法国人都在吃什么》(*What's Cooking in France*)的精选预告小书。席卡和路易赛特跟出版社签署了一份合同,而且在《法国人都在吃什么》出版前从没看到稿子。结果很尴尬,这本书错误百出,她俩可以说悲痛欲绝。1952年8月,她们找朱莉娅寻求帮助。重中之重是要把原稿编辑成比较得体的英语,然后才能说下一步怎么做——她会认真读一下吗?朱莉娅坐下来,打开"酱汁"那一章,手握一支笔,开始读了起来。她之前用这些食谱里的一些方子给人上过烹饪课,必要的时候做了些修改,她自己也研究过很多方子,还写过很多食谱方子。现在她试图从一个美国家庭主妇的角度,好似打开一本全新的食谱书那样来阅读。她走进厨房,完全按照食谱上写的那样,测试了几个方子,然后发现它们都无法操作。有的方子过于简略,有的又充斥着不必要的繁复细节,食谱的步骤含糊不清。她觉得这本原稿没有任何保存的价值,她也直言不讳地告诉了席卡和路易赛特。到11月底,她们三人为了重新做一本书而拟定了一个全新的计划,朱莉娅写信给普特南解释了她们到底想要做的是什么。

她告诉普特南她们会做一本教学手册,不只是食谱方子的合集,并且她们会以基础知识为本,构造出不同的主题以及举一反三的变化。书写的语调被朱莉娅形容为"非正式的、人性化的",也就是像一个人自然说话的声音和语气,这是相对于法国众多的美食作家那种"苦口婆心、使人发腻"的语调来说的。她承认市面上已经有其他教美国人烹饪法餐的食谱书,但没有一本是逻辑清晰的;没有一本书可以为人们解疑,也就是朱莉娅所称的"十万个为什么"——哪些地方有陷阱、如何采取补救措施、如何改进,甚至如何装盘上菜;没有一本书是专门致力于拯救那些新手厨子并把他们指引到正确道路上的。而这本新书将在囊括这一切的同时,跨越从基础知识到精致法餐烹饪的整个领域。她告诉普特南,"酱汁"那章的修订版本很快可以交稿,并说手稿的其余部分可能需要六个月。

朱莉娅很快就成了这个项目的实际负责人。整个想法令她兴奋:她将成为一个专业作家和美食专家,朱莉娅教授会在一个更大的舞台上闪光。她越来越认同这个新的公众形象，也更加希望能找个律师参与到这个项目里，以便把这个项目放在务实的基础上，也可以帮助她们与艾夫斯·沃什伯恩出版社打交道。她听过很多关于作家和出版商之间打交道的骇人听闻的故事。她向保罗·施莱恩（Paul Sheeline）解释道："我认定了这是一个你死我活的游戏，如果没有一个理得清楚这些脉络的律师或代理人在你身边，你最终的所有努力只会为出版商的收益做贡献。"施莱恩是一名她信任的律师，因为他是保罗的侄子。

这本书或者其他书都一样，朱莉娅并没有以赚钱为主要目的，但她不喜欢感觉被欺骗或被利用，而且从职业生涯一开始，她就特意强调要与经济沾边。因为出版了拙劣的《法国人都在吃什么》，她已经对艾夫斯·沃什伯恩出版社产生了疑虑，而且席卡和路易赛特与这家公司并没有正式的合同，于是她决定跳槽，找一家更好的出版商。她们的这本书将会对法餐烹饪起到决定性的贡献，所以她认为它的地位和尊严应该受到足够的重视。对于朱莉娅来说，这与她自己需要被认真对待同样重要。"我开始写作，我打算多年后仍然继续写作，"她告诉施莱恩，"所以我觉得开始就打下一个非常坚实的基础是明智的。"施莱恩对食谱书一窍不通,但他知道初出茅庐的作者想要出版一本处女作是多么困难,他要朱莉娅把局势看清。"对于一个新作家来说,能与出版商达成的任何协议都是很好的。"他建议道,并告诉朱莉娅,只要有任何出版商,哪怕是艾夫斯·沃什伯恩出版社这样的出版商对她的作品感兴趣,她就应该感到非常幸运了。这样的想法激怒了她。"我可以欣然接受的一个事实就是,不知名的作者确实起步比较难。"她反驳道,"然而,我们有一个很好的产品,我认为这本身就是卖点,我觉得没有理由给自己泼冷水。这不是一本业余的、只是爱做饭的小女子自己胡乱拼凑的书,而是由专业人士做的专业项目,而且,我会毫不谦虚地说,它甚至可能是法餐烹饪领域的一个非常重要的项目。因此,我不想把它浪费在一个无关紧要、微不足道的公司上。"

朱莉娅当时立场坚定,一定要执行这样的标准,而另一方面,她们三位作者手上除了修订过的酱汁的章节以及一些早期的家禽类的方子之外,几乎没有别的内容。即使是一个"微不足道"的公司也不会跟她们三个只有荷兰蛋黄酱配方的无名小卒签任何合同。她们需要的是一位对食谱书出版比较熟悉又喜欢她们这个项目的行家,来帮助她们把这个麻烦但是大胆的梦想实现。就在1952年的春天,这个人进入到朱莉娅的生活当中。艾维斯·蒂沃托(Avis DeVoto)是一名作家、编辑和文学经纪人。她和她的丈夫伯纳德·蒂沃托(Bernard DeVoto)住在马萨诸塞州的剑桥,她的丈夫是一位政治记者和历史学家,在《哈泼斯》(*Harper's*)杂志开设了一个名为"安乐椅"的固定专栏。[①] 他的一篇专栏文章引起了朱莉娅的注意,因为他在文章里对美国的刀具颇有微词。美国的刀具为什么这么不好用?他提出:不锈钢的刀看上去很美但是毫无用处,它们的刀刃不够锋利。朱莉娅完全赞成他的观点,她特地买了一把很好的法国刀给他寄去。艾维斯,一开始建议写这篇专栏的一位大厨师,非常高兴有这样的读者反馈,她给朱莉娅写了一封感谢信,朱莉娅给她回了信,两人一拍即合。

自从移居巴黎,朱莉娅发现了自己的激情所在,还有自己可以创造的未来,当她经历了越来越多的从在OSS团队工作时就感觉到的一些"对路的"事情,朱莉娅已

---

① 与《纽约客》《时代周刊》齐名的杂志,从1867年创刊开始,《哈泼斯》为当代追求完美的妇女提供关于家庭、旅游及娱乐等方面的信息。

经成长为她自己。也正是在她这个成长的经历当中，艾维斯成了她最亲近的知己闺蜜。艾维斯是一位非常机智敏锐的人，她对朱莉娅的各种想法、逗乐以及她的碎碎念和间歇性的哲学理论，全盘照单接受。朱莉娅每次都会给她写很长很长的信，令朱莉娅自己都很惊讶的是，她居然有那么多的话，要对这个身处远方甚至未曾谋面的朋友说。有时她会坐在美容院里的吹风机下，拿起纸笔就开始给艾维斯写信，一直写到，如她自己所说的，她都快要被"烤熟了"。艾维斯也很健谈：她俩的话题可以从食物到食谱再到各自的日常生活，一些小牢骚和愿望以及自我探究，从买什么样的小葱到性，她们都要问问对方的意见和建议。她们发现，她俩的丈夫，都比较喜欢"粗犷"的食物，如烤肉、牛排、非常多的香料和无尽的大蒜。"我认为这是非常典型的美国男性爱吃的食物。"朱莉娅说。艾维斯认为金赛的性学报告无聊至极，朱莉娅却被深深地吸引住了，她说："天知道，我不是一个性学专家，但我认为性是一种很好的事物，所有人都应该最大程度地去享受。"艾维斯热爱英国，而朱莉娅更喜欢法国一些；艾维斯喜欢喝马提尼酒，朱莉娅却恳求她换一瓶上好的红葡萄酒。起初她俩会交换照片。"你脸上挂着的表情是一种奇妙的、世故的表情,"朱莉娅羡慕地点评艾维斯的一张照片,"我还在纽约的时候,总是想装出这样的表情,但是无功而返。"她还为照片写一些小批注来补充相关的细节,以便艾维斯更好地了解那些照片:

> 这是保罗,身高一米八,体重差不多八十公斤,是个肌肉男,因为他曾经做过大量的伐木工作,他还是一个柔道黑带三段(这是一件了不起的事情)。朱莉娅,身高一米八八,体重七十公斤上下。胸围没有她自己希望的那么大,但是她注意到了波提切利笔下画的那些美女的胸部也不是很大。根据她丈夫的评论,两条腿长得不错,脸上有雀斑。

除了表象的照片,朱莉娅还会寄去一些"内部参考"。她说,保罗是一个知识分子,他总是准备探索新的想法,总是在训练他自己的头脑。"而我,我不太热衷于学习,"她承认,"除了烹饪方面的知识,我不会强迫自己去了解一颗原子弹的工作原理,或者研究佛教。"她认为之所以存在这个问题,是因为她的童年处于一个"对社会毫无价值的、奢侈挥霍的阶层",直到她加入了 OSS 团队,与众多的"知识分子和学院派人士"朝夕相处,才找到她喜欢的一类人。"而你,早就有多年与他们打交道的经历。"她说道。跨越海洋,在哈佛广场附近的一所房子里,艾维斯过着一种朱莉娅想象中的生活,就好像席卡在她的《法国厨房》里也是过着另一种生活。

在她们友谊的开头七年里,朱莉娅和艾维斯谈论这本书的时间超过谈论其他任何事情。当关于酱汁的那一章全面修订完成后,朱莉娅把它寄给了艾维斯,请她对其提出中肯的意见以及关于出版的任何建议。艾维斯每翻开一页都对朱莉娅充满了钦佩。这是对法国烹饪的一个启示:烹饪的基础技法与食谱一样重要,而这些食谱方子是艾维斯见过的最精确和最富有逻辑的。一个好的美国厨师可以跟着这些方子,虽然说不一定能信手拈来,但至少有充分的理由可以相信,食谱的作者是不会让读者处于任何困境中的。而且,当她在厨房里试做的时候,她发现这些方子都能实操成功。食材一定是会像方子里描述的那样融合在一起的,做好的酱汁尝起来亦充满法国风味。她很快回信给朱莉娅:告诉她必须继续工作;还有她不能与艾夫斯·沃什伯恩出版社签任何合同；艾维斯正打算把这个章节的书稿送给她的一个在霍顿·米夫林出版社（Houghton Mifflin）工作的朋友看看，这是一家总部位于波士顿的大出版公司，因为这本书理应被专业人员认真对待。

朱莉娅喜出望外："我太兴奋（excited）了，这是我真实的感受，但我正在学习尽量不使用这个词，那是因为在法语里面，这个词更多的是表达肉欲！"这一章的手稿被送到了多萝西·德·桑蒂拉纳（Dorothy de Santillana）的面前，她是霍顿·米夫林出版社的总编，艾维斯说，这位总编在看到稿子的时候，讶异于她所看到的有深度又专业的知识，竟然激动得脸颊潮红。紧接着这位总编就拟好了一份出版合同，并且预订了具有说服力的七百五十美金。"哦耶！"朱莉娅打下了字，"这本书是献给你的，亲爱的，还要献给美丽的法兰西（La Belle France）。"艾维斯婉拒了这个主意，但她同意作为和首席编辑之间的沟通者。这一切都发生在不到六周的时间里。朱莉娅想尽量做个比较实际的打算：她认为她与她的两个合作者需要一些时间来完成整本书稿。现实比她的预言多出了六年，但在她生活里的其他任何方面，她都可以准确把握自己生命里的脉络。就像她告诉了艾维斯这位"见证了整个漫长生产过程的接生婆"那样:"我感觉到了严肃认真的工作态度,真正的工作就要开始实现了。"

第三章 如何把食物做出它们本来的味道

让美国厨师学习法国烹饪？这本身就是一个矛盾。二者本就似两头水火不相容的野兽，怎么可能令它们结合在一起？但朱莉娅知道这是可能的，因为已经发生在她自己身上了。她已然开始憧憬一个充满美食的美国，在那里每一个人都像她自己一样：普通的家庭厨师也可以做出完美嫩滑的煎蛋饼；她们的厨房里都备着各类常用的香料调料；她们会自己剔除鸭子的骨头；当有朋友造访时，她们总能够端出一份宴客小头盘……可惜的是，大多数美国人基本不会与蓝带学院有任何交集。想要做一顿法餐的家庭主妇，除了食谱方子之外没什么东西可以帮上忙，朱莉娅知道，这也会埋没原本可能会成为一个好厨师的人。她自己就是在食谱和厨师之间的断层带里尴尬地挣扎了很多年，直到遇上好老师的教学方法，才让她如鱼得水。她最终要交给霍顿·米夫林出版社拿去出版的这本书，就是这个好老师。这件事是前无古人的：一本正宗的法国烹饪指南，放在橱柜上，用英语轻轻地告诉你方法和建议，告诉你将会出现什么问题，以及如何解决它们。在接下来的七年中，朱莉娅写这些手稿的时候，她尽量围绕着她想向读者传达的核心信息，按照这样的措辞，一直激励她的，正是为了保住自己不同寻常的想法。她想告诉大家的是：尽管法国菜是法国所特有的，但肯定可以以一种精确的方法学会它，这种方法可以用任何语言来表达。

按照朱莉娅的做法，写作这本食谱书的任务简单而又艰巨：她会仔细研究每一个菜式的传统做法，从每一个她能够想到的问题入手，通过不断地测试和修改，直到她得出一个绝对万无一失，又与真正的古方完美融合的好方子。当艾维斯问她为什么这本书需要花这么长的时间，朱莉娅给她描述了自己典型的工作一日，比如说，这一天是跟卷心菜汤在较劲。她怀里抱着一大堆食谱爬到楼上的厨房里开始工作：这些食谱里有席卡的卷心菜汤，也有朱莉娅从无数本法国权威食谱书里收集来的卷心菜汤方子，以及几个不同地区的人按照他们自己的口味修改过的卷心菜汤方子。在研究了所有的方子之后，她决定尝试做其中的三个，其中两个她会严格按照食谱里面所写的那样来做，最后一个换成用压力锅来煮。显然用压力锅做并不是传统方法，而且朱莉娅并不喜欢压力锅的样子。（"我讨厌那些臭臭的、脏兮兮的压力锅！"）但她还是想知道用压力锅是否能够做出好味道的汤。这一次的试验以完败收场，她觉得用压力锅做出来的汤有一种煮过头的味道。尽管如此,她还是会继续尝试:"也许我用的方法不对呢,虽然我有些反感,但我还是会抱着开放的心态再次尝试的。"用传统方法做的汤更好些,但要想得到一个可行好用的方子,任务艰巨。朱莉娅这样写道:"我总结了几点:一、在把卷心菜放进汤里之前,应该准备好用蔬菜和火腿一起炖好的高汤,这是保证美味的'秘密';二、卷心菜不能煮得太久。"也许先用白开水把卷心菜焯一下会更好,或者可能用另一种不同的卷心菜将会有所改进。"因此,所有这些怎样做、为什么这样做等等问题以及它们的重要性,都有待解决,"她总结道,"否则,结果我们得到的只是一个普通的方子,而这并不是我写这本书的初衷。"

在众多的参考书目里,有一本是她一直都要随手翻阅的,那就是初版于1927年的《圣·安吉·伊芙琳夫人的好菜谱》(*La Bonne Cuisine de Madame E. Saint-Ange*),法国数以百万计家庭的烹饪圣经。朱莉娅经常说这是她最喜欢的法国食谱书,如果她知道英文版的也于2005年翻译出版了,她肯定会很开心的。除了她出色的、涵盖了从餐厅的高级烹饪到经济型家庭烹饪的丰富的专业知识,人们对圣·安吉夫人(Madame Saint-Ange)知之甚少。但每当朱莉娅打开这本书时,她总是对圣·安吉夫人肩负的使命感感同身受。书中并不是通篇罗列着食谱,除了教读者一些基本技巧,圣·安吉夫人收集了多达一千三百个菜式,而且从汤类到肉类到蔬菜到甜点的每一章里,她都用专业智慧的手法,参考了法国烹饪实践和烹饪风格的历史。然而,圣·安吉夫人可以在拿到任何一个食谱的时候,好像一个对厨房灾难上瘾的主妇,大谈特谈怎样才能避免把这份菜谱做砸了。比如说,做一份炒滑蛋。她会从如何甄选一口合适的平底锅这样的细节开场,然后讲到打鸡蛋的几种方法,接着对比打蛋器与一把木勺的优缺点,然后细化到木勺的形状可能会对鸡蛋产生的影响,最后仔细讲到具体烹饪的操作方法,告诉读者如何避免犯错,以及如果犯错了该如何进行补救。圣·安吉夫人教大家做这一切的时候,是用一种那么平静、愉悦的语调,所以你会觉得无论她说的是什么,只要你足够细心,一切都尽在掌握中。朱莉娅从圣·安吉夫人那里受益匪浅——这位法国女人的菜谱与其他很多来路不同的灵感,共同创造了朱莉娅的传奇——如果圣·安吉夫人活得足够长,能把她自己的杰作翻译成完全美国化、现代化的食谱书的话,她很可能就会是《精通法国菜的烹饪艺术》(*Mastering the Art of French Cooking*)的作者了。

当朱莉娅开始集中精力用她的大量分析法来着手处理书稿的时候,她碰到了一件令她积怨多年的麻烦事。在法国的烹饪界,一个像朱莉娅这样雄心勃勃、聪慧理智、不恭不敬的女人,是不应该存在的。圣·安吉夫人是一个罕见的例外。在法国菜系里,妇女的位置是受人尊敬但相当具体的:只能存在于普罗旺斯的家庭妇女中间,那些传奇故事里妈妈们做的华丽大餐也只是存在于儿子们永远的记忆里。朱莉娅不这样看自己的角色。更糟糕的是,她是一个美国人。所有的法国人都知道一个事实:美国人就是些可怜的傻瓜,他们只会靠罐头食品和软面包过日子,他们从来没有听说过大蒜。虽然她深爱着法国,每次当话题转到食物上的时候,法国人这种沾沾自喜、骄矜、傲慢的优越感都会让她愤怒。"这个国家存在太多的教条主义。"她向艾维斯抱怨道,"烹饪是一门重要的艺术,这里有各种各样的男人们的美食协会、各种男人出的书、很多著名的男性厨师,还有很多'正宗的做法'是不容置疑、神圣不可侵犯的。"朱莉娅痛苦地意识到她还有很多东西需要学习,她亦不打算把任何没有经过自己研究和测试的食谱放进书稿里。然而,她的这种对精准度深深的尊重,与法国男人那种缥缈的、基于感性而不是科学的烹饪方法相比,似乎不值一提。"我在一次聚会上碰到一个武断专横的胖男人,他认为自己是个美食家,在我看来就是个夸夸其谈的人,"她愤怒地告诉艾维斯,"他们谈论怎么做奶油白酱汁的时候,他说那完全是一个谜,只有极少数人能做出来,以及只能用洛林那个地方产的白葱头,而且必须要用柴火才能做出正确的味道来……完全是空穴来风。但就是如此具有典型性,他们仅仅是为了吹嘘自己如何了得,非要把一件本来很简单的事情弄得神乎其神。我什么也没说,因为在他们眼里,作为一个外国人,我什么都不懂。"

完全实事求是的朱莉娅,丝毫不相信那些神秘的东西与好的烹饪技巧有任何关系。在法国美食界,那些奇妙的、不可言喻的传统被认为是头等重要的事情;而她自己严格测试每一个方子的行为,却被视为一个大使馆官员的妻子业余的、为了散心的小消遣,这样的说法激怒了她。"讨论——武断专横的教条主义。"有一天她把这句话写在了课表上。她想让学生们明白一个道理,如果她们某一天听到一个法国美食爱好者谈论"真正的"普罗旺斯鱼汤或"真正的"杂豆炖肉，她们应该清楚：每个不同的家庭做法都可能会有所不同，不管是怎样做出来的，它们都是"真正的"。朱莉娅的理解是，传统的法国烹饪是一个有弹性的、活生生的东西，它跨越时间的长河，通过不同的路径从一个厨房流传到另一个厨房。但如果是这样的话，如果"正宗"的做法传到了不同的家庭而有所变更，那所谓的传统又是怎样保留下来的呢？是什么造就了法国烹饪？

当朱莉娅关于这本书的想法开始清晰，提出写作这本书的工作将会是非常讲究的、烦琐的，而且需要大量的研究时，路易赛特开始打退堂鼓，继而与席卡和朱莉娅两人渐行渐远。多年之后，路易赛特也开始自己写食谱书，但她对于厨房的感情和想法与席卡和朱莉娅的想法还是大相径庭。她不时地会说一些她的想法，但她的参与度已经降到最低。朱莉娅对此并不感到惊讶。"我认为这本书超出了她的能力范围，"她告诉艾维斯，"她是个可爱的'小女子'，对烹饪有兴趣，也有一点天赋，但她也是最散漫马虎的，她有着一颗超级小女人的心。"不过，由于这本书最早本是路易赛特提出来的想法，她也是一个很好的朋友，并且正经历着家庭生活的分崩离析，席卡和朱莉娅不忍心背弃她。路易赛特的名字仍然作为合著者保留了下来,但她分到的版税只占了很小的比例。

所以真正做事的人就只有席卡和朱莉娅了,两个互相友爱的队友并肩作战,为书里的每一个食谱方子而努力。从根本上说,她们是互不相容的——席卡用的是她的直觉,而朱莉娅用的是她的才智,这样的合作蛮耗费精力,但是也可以保证最终的书稿反映的是她们最真实的自己。有一年的冬天,艾维斯在朱莉娅位于普罗旺斯的厨房里看到她俩一起做菜,后来回忆说,当她们有所争论时,席卡总是处于劣势,因为她变得非常容易激动:她会不断地在空中挥舞着刀、拿着锅比画,并且语速很快地说着很多法语。朱莉娅使用的是类似战术,但保持了她的智慧,完全用韧性战胜了对手。保罗认为,她俩从来没有撕扯着对方的头发肉搏的原因是,当她们所有的分歧出现时,"双方都只是就事论事,而不是以自己的喜好随性而为"。

分工从一开始就很明确:席卡的工作就是作为一个法国人,而朱莉娅就是作为一个美国人。这对于席卡来说完全是信手拈来:她写的食谱来自她所有的厨房经验,以及她从小成长于其中的文化。正如艾维斯说的那样:"法式烹饪在她的血液里，在她的骨髓里。"她的很多食谱都是原创的，这些食谱都是从她所继承并认真研习的烹饪传统里流露出来的。要让她退后一步，去客观地推敲传统，并非易事：对她来说这就好比要用一个图表去解释出苹果的味道那么奇怪。

相比之下，朱莉娅则有着与生俱来的美国人性格和气质，她完全相信科学的方法。对她来说，法国烹饪传统是一个新领域，而不是一个宗教，并且，那些看不见的证据根本不能称其为证据。她最喜欢的美国菜谱书是《烹饪之乐》(*Joy of Cooking*)，朱莉娅非常喜欢范尼·法默（Fannie Farm）——一位具有魅力的、致力于献身烹饪事业的老师，她在19世纪末发明了水平量杯量匙，因为她的学生搞不清楚"一小撮盐"还有"一把面粉"的实际重量到底是多少。道德和烹饪改革运动的领导者法默小姐被称为科学烹饪家，朱莉娅与她一样，也看到了对于那些已经掌握了厨房技能的人来说，有一个更高的境界在等待他们。她无比赞同法默小姐所确定的一点，那就是，精心地花功夫去实际操作以及详尽的指导方法，可以改变食物和厨师。可以肯定的是，朱莉娅愿景里的那个更高境界是一个充满着愉悦、欢乐和自由发挥的境界。这绝非"科学烹饪"创始人和他们的学生以及虔诚追随者们心目中该有的样子,他们的课程有时会以全白主题的晚餐来唤起纯洁的圣殿。但朱莉娅认为,好的烹饪是务实的烹饪,也就是形成并可以实际使用到日常烹饪的良好习惯——是一种训练,而非一个迸发的灵感。有一天,她拿了一张纸,在它的顶端写下"好厨师"几个字。然后她写下了一个定义:"能够保持水平一致性,不只是靠一点天赋偶尔成功——她应该可以轻松做出一顿美餐,不论食材是简单或复杂的,应该可以适应条件因地制宜,要有足够的经验可以变失败为成功地挽救一道菜。如果鱼肉饼做得不成功,那就可以把它做成一道汤。这就是一件需要实操与激情的事。"实操与激情——朱莉娅把它们组合在一起,之后在她所有的教学和写作中也身体力行,它们像孪生姐妹一样,一旦分开,就毫无用处。

在朱莉娅和席卡写书的那几年当中,她们很少同时出现在同一个厨房。保罗于1954年被派驻马赛,然后到波恩,接着又回到老家华盛顿,最后在1961年退休前去了奥斯陆。虽然她俩偶尔会互相造访,一起做很多顿饭,但大部分的探讨和争论都是以书信的形式完成的。食谱、笔记、建议、补充、修改以及更正来回更迭,有时那些文字的量大得惊人,如果是其他任何学科,完全可以以此取得博士学位了。朱莉娅开始攻克"杂豆炖肉",那是一种丰盛浓稠的由各种豆类、肉类和香肠做的一道菜,有时可能需要三天的时间来准备。她首先收集了二十八个食谱方子,所有方子都来自权威的、口碑好的食谱书,它们当中也存在着许多矛盾。她和席卡筛选了一些留下来,把有些方子结合后做了修订,最后重写,直到她们完成了一个最终版本,然后围绕着"腊鹅",她们展开了激烈的争论,很少会有美国家庭买得到腊鹅,但席卡坚称这是必不可少的,没有了腊鹅,这道菜就不能称之为"杂豆炖肉"。也许羊肉炖锅里的东西可以调换,但杂豆炖肉里的腊鹅绝对不可以。朱莉娅找到无数资料证明可以省略腊鹅,最终赢得了这场争论,但是她们两家人在她俩宣布停战之前,被动地吃下了很多很多的杂豆炖肉。

其他的食谱会简单些,但在她俩都满意之前,总是要进行大量的调整和修改。在做菠菜的时候,朱莉娅从一本书里得到灵感,产生一个想法,用法语和英语混杂的笔记写给席卡:"这个建议的灵感来自苏珊娜(A.

Suzanne），她简直是当代的艾斯可菲（Escoffier）[1]，那就是：我们可以尝试在菠菜里加上一点点大蒜，尤其是'蒜汁'，甚至可以加一点奶油。虽然是很小而不太明显的改变，却能大大提升菠菜的味道，请你也尝试这样做。"每一个细微的差别都很重要，做法上的每一次细小的改变都要记录下来。"我想知道你实践过程中的每一个细节，以及你能想到的任何意见，"朱莉娅恳求道，"不管我会不会用到这些细节，那个不重要，重要的是，无论如何我都想要你告诉我这些细节。当人们谈论这本书的时候，应该评论这是一本精彩的书，她们会自豪地说：'我以前从来不会做蛋糕，但现在跟着这本书我学会了。'"

这个她想象中的读者，是一个在没有得到她们这本书之前拼命想学会做饭却心有余而力不足的家庭主妇，这样的读者形象在朱莉娅的意识里永久地占据着一席之地，也直接启发她形成了出自她手的食谱的特色：大量的细节。像一个从朱莉娅自己的过去里走出来的幽灵那样，这个想象中的读者跟着朱莉娅从厨房到书桌再到厨房，永远都在想羊排是否烤熟了？为什么锅里的排骨没

---

[1] 奥古斯特·艾斯可菲（1847—1935），法国名厨。

有好好上色？为什么冒出那么多蒸汽？是什么东西让奶油泡芙显得湿漉漉的？到底牛肉片应该切多厚？究竟是6毫米还是3毫米更好呢？朱莉娅经常称这个想象中的读者为"新娘"，而席卡心里当然没有这样的一个阴魂不散的生物，她自己曾经就是一个年轻的新娘，可是从一开始她就是一个厨艺高超的新娘。为了要用科学方法严谨地称量和试做新菜式，朱莉娅不得不恳求她。朱莉娅并不觉得有什么是理所当然的，她和席卡一遍又一遍地商议。她认为应该在她俩试做很多次并且完全确认一个事实之后，方能给它下定论。朱莉娅给席卡寄去一个肉类温度计和各种量杯，并不断根据自己的试验方子给席卡一些新的数据。"我刚刚又煮了两个鸡蛋，"她在写"蛋类"那一章的时候记录着，"嗯，这两个鸡蛋重量是60克或2盎司，它们的确需要煮4分钟。把所有东西再次量了一遍之后我还发现，应该放大约3.8到5厘米深的水，然后应该用一口直径20厘米的锅。感谢上帝，我又做了一遍，才发现这两个恼人的错误。"席卡觉得对如此的细节吹毛求疵实在是大费周章，而有时候她做不同的菜时，往往会忘记了遵照她们好不容易才确定下来的详尽方子去做。

席卡是一个非凡的厨师，朱莉娅非常清楚这一点，但席卡从她自己的个人食谱里贡献的那些方子,在没有多次试做和修改结果之前,实在是不适合直接放进书里。她们不仅需要科学地标注出精确数据,而且朱莉娅想要确保这些方子代表着主流的法国传统。很多法餐烹饪书,尤其是美国人写的那些,作者似乎觉得他们可以用任何他们喜欢的方式重写标准方子,然后把结果当作经典来呈现,这着实令朱莉娅大为震惊。令她愁得发狂的是,她担心所有她收到的食谱已经被"席卡化"了,在席卡手里做出来会是美味可口的,但在其他人手里做就会大有偏差。"亲爱的,并不是我对你没有信心!"她在关于克拉芙提这道甜点引发的争吵里坚持着说,"我认为我俩都对这本书非常投入,都想确保我们做出来的是一本名副其实的关于法国美食的书,而不是一本关于席卡和朱莉娅的书。"这本书有时候不能完全忠于传统,比如在美国买不到某些食材的时候,但朱莉娅坚持认为,如果她和席卡对方子做了任何修改,她们应该明确地标注出来。有一次,当她们在马赛一起做一种大蒜蛋黄酱的时候,席卡无心地戏称她们发明了"朱莉娅大蒜蛋黄酱"——也就是说它是独特的,并非传统的。朱莉娅惊呆了。她回家后给席卡写信的时候这样说:"你竟然说出这样的话,实在是令我震惊啊！这就意味着你允许我在这本法国烹饪书里加入'朱莉娅菜式'！"朱莉娅提醒席卡，她的角色是要保证方子的正宗法国味，特别是要为朱莉娅本人的方子把好关。她们最重要的秘密武器就是席卡的味觉记忆。

如果是做她和路易赛特原本计划的那样一本书，席卡会根据自己的喜好来做，但现在这本书有着更大的抱负，而这些抱负让她很紧张。她和朱莉娅只是两个家庭厨师，两个女人。她们怎么敢用白纸黑字去顶撞那些构成了法国烹饪界神坛级人物的大师和专业厨师呢？当她看到她和朱莉娅历尽艰辛完成的食谱书稿已经打印出来，准备交付出版商的时候，她内心充满了焦虑。通常席卡会要求朱莉娅折回头去，对一个她们很久之前就已经定稿的方子做些修改，往往只是因为她遇到了一个厨师用了个不同的方法，她觉得那个厨师肯定知道得比她俩都多。这种缺乏自信的固执使朱莉娅很不耐烦，"我认为我们自己跟其他任何人一样具有权威性。"她抱怨道。那些所谓的权威人士有什么东西是她和席卡所欠缺的？她俩训练有素而且经验丰富，查阅了大量的资料，还做了大量的烹饪、品尝和试验。但朱莉娅如此轻松地拥有的信心对于席卡来说还是非常陌生的东西。虽然席卡也是一个强硬的女子,但她身上还是有被朱莉娅称作"服从"的本能,朱莉娅认为那是典型的法国女人所具有的很容易就倾向于遵从男人的特质。她们合作了一年半之后,朱莉娅送给了席卡——"我的谨小慎微的同事"三个原则:

> 在这个合作中作为一个平等的合作伙伴,坚持你的意见。
> 保持这本书的法国味道。
> 遵循科学的方法,在研究了其他权威的发现和建议之后仍然尊重你自己的细心发现。切记要用精准的度量、温度等等,一旦开发了一种方法,就要像对待宗教那样坚持,除非你发现它还不能令人完全满意。

(然后她又写了一段附言:"另外,请尽量以专业的水准用刀切菜。谁知道呢,我们之后或许会上电视呢,所以你必须完善自己的专业技术。")

对于朱莉娅来说,判断这本书的优劣不是看它是否忠实于大师们,而是它是否忠实于食物本身。初到法国的头几个月,她日复一日地尝试着那些她从前完全不知道的各种强烈的味道,它们在她的感官里留下了永久的烙印。以前的生活里居然错过了那么多!现在她决定通过编写食谱来重新创造那些食物,一定要非常精确、非常完美,每一个食谱都是一个那些发现的迷你版本,而那些发现彻底改变了她。她追求着法国味道——法国才有的特殊味道。像任何味道一样,这是一种很难用言语来形容,但在味觉上可以被瞬间识别的味道。朱莉娅一直坚信,只要有了恰当的方法,正宗的法国味道是可以复制的,它可以通过任何厨师在任何地方实现。朱莉娅和席卡要捕捉那种味道,然后把它像一只蝴蝶标本那样清晰地呈现在她们书中的每一页上。与席卡不同的是,朱莉娅知道她不会对她们的胜利感到任何胜之不武的不安。这是烹饪,不是炼金术。唯一的秘密会被摊开在厨房的工作台上让大家都可以看到:黄油、鸡蛋和四季豆;搅拌器、锅和勺。没有什么神秘元素,任何东西都是可以被量化的。"如果你用的是法餐的烹饪方法,用了法国的食材,或者是你能找到的、最为相近的替代食材,那么你做出来的就是法国美食。"她平静地说。

只要朱莉娅用到"法国食材"这个词语时,她就需要非常清楚地说明具体的食材。其实许多美国人肯定要用"最为相近的替代食材",有些甚至可能一点都不相近。但朱莉娅从来都不是那种认为食材从头到尾都是最重要的美食家,她比他们务实多了。这并不是因为她不受食材的影响:像所有其他美国人在巴黎第一次用餐一样,她亦曾经被那些新鲜水果和蔬菜的美妙味道惊得目眩神迷。"例如草莓,是梦里的味道,"在给艾维斯的信里,朱莉娅写道,"豆子的豆味很浓,法国还没有开始为了把食物运到超市而延长保质期,种一些皮实但味道不是很好的品种。"她完全忘记了在书中提及要用最好的食材做菜是多么的重要,当她在这本书出版前的一年想起来的时候,她只是耸了耸肩。书稿中若是出现其他的错误,或者更糟的是索引里若出现错误,会让她非常沮丧,但她没把这个当回事。更重要的是,这本书避开了当时比较流行的一种臆断,即法国的每一种食物都优于美国的同类产品。很多游客来到巴黎,对这里的食物沉迷得五体投地,然后带着一个坚定的想法回到美国,那就是如此美味的法餐,必须要用法国独有的优质食材才能做出来。但朱莉娅坚持说,这不是真的。菠菜就是菠菜,即使你用的不是菠菜,好的烹饪方法也完全可以弥补其中的差异。

对于美国食材这个话题，朱莉娅开诚布公地进行了探讨，她甚至没有排除罐头食品和冷冻产品，至少给了它们一个证明自己的机会。法国美食家认为包装食品是粗陋的，有些久经世故的美国人由此感到尴尬，但朱莉娅希望她的食谱可以让每一位家庭厨师都能鼓起勇气尝试着去做。如果一盒冷冻豌豆，或一罐肉汤罐头，真的可以在法国传统配方里用得上，这本书里就应该告诉读者，自以为是没有任何好处。她在大使馆的杂货店买了些这类产品，并且给它们写了一个很长的测试报告，结果一般都不太乐观。早在 1953 年的时候，她还尝试用这些食材，"我刚刚给我可怜的丈夫吃了很糟糕的一餐，我是用冰冻鳕鱼和冰冻'新鲜'四季豆以及'快熟'大米做的，"她在给艾维斯的信里写道，"吃这样的东西真是没劲儿，不管你用什么样的法式烹饪方法，就是没有法国味道，就是不好吃，哦，去他的，真见鬼。"

那天下午，为了缓和一下情绪，朱莉娅去了她最喜欢的街道之一——塞纳街散步，回家时心情稍微好了一些。她并没有打算放弃：她会继续试验，即使这些产品只会令人扫兴。触摸食物的乐趣在哪儿？香味在哪儿？还有味道，完全没有味道啊！"有一天我拿到一只冰冻的烤鸡，"她告诉艾维斯，"鸡肉有的地方是烂糊状的，有的地方又不太嚼得动，几乎没什么味道。它的油甚至有一点点不新鲜了。"她试着把半只冰冻烤鸡加热后浇上了红酒烩鸡的酱，这样令它有了一点点味道，但仍然不足以挽救成品，也不值得在书中提及。"如果有些东西本来就不够好，那它们就是不够好。"令她惊讶的是，速熟土豆比想象中的要好吃，尽管需要用相当多的黄油、奶油和奶酪来调味。本叔叔牌的蒸谷米开始成为朱莉娅的一个新宠，她叫它"本叔米"，她非常高兴地给席卡寄了一个包裹，里面有本叔米，还有快速自制派皮的预拌粉，她告诉席卡一定要试试看。席卡不为所动：她不喜欢那里面用来代替黄油的植物起酥油的味道。朱莉娅承认这不是真正的法国风味。"不过，它们显然很容易上手，也没什么坏处。还有，不论是美国的还是法国的普通家庭主妇，自己肯定做不好一个派皮，所以有了这个也是聊胜于无啊。"她争辩道。

在某种程度上，朱莉娅其实是在跟自己较劲。当她最初尝试用派皮预拌粉的时候，她还生活在华盛顿哥特区，她认真、谦虚地听取美国人在厨房该如何表现的意见。在厨房里，很多美国人都缺乏基本的技能，或者干脆就是不愿意花时间去把事情做好。这本书的要点是让美国人的餐桌上也有些味道更好的食物，其实有这个必要吗？或者说这本书的目的是使人们开始看到真正的变化，把精彩的食物带到美国人生活的中心？有一天朱莉娅要做糖汁胡萝卜和洋葱，为了节省时间，她临时决定用罐头洋葱。结果非常糟糕，她赶紧给席卡写了一封信。**"我完完全全不喜欢罐头洋葱，"**她宣称，**"我建议我们书里也写上：我们不喜欢罐头洋葱。"**美国人总要考虑怎样才能节省时间，这使她很心烦。"我认为我们不能在味道上做出妥协，如果为了做出食物本来应该有的味道必须要用一些技巧而耗费时间的话，那也是应该的，不能简化。"她说道，"我们的书就是关于如何把食物做出它们本来应该有的味道。"最终，派皮预拌粉没能在这本书的"糕点"那一章保留下来。

但其他方面，在华盛顿的那两年时间给她带来了一些启示。朱莉娅发现逛超市可以有一种创新的方法：她最爱推着购物车穿过一条条过道，以便好好看看并感受一下货架上的货物。与一个温馨的法国小型市场不同，因为法国的店主们会为每一个客户挑选出他们心仪的货物，而这些巨大的，不带个人色彩的商店却可以让她完全自由自主地选择她想要的每一朵蘑菇,以及她觉得看起来最好最新鲜的那一把西香芹。"我可以自己走到出售芦笋的柜台前,自己挑选每一根芦笋,或者每一根四季豆,这种感觉也很爽,"她写信告诉席卡,"而且我自己挑的那些芦笋也非常美味!现在这一季,芦笋从加利福尼亚用快车送达,绿色的芦笋尖鲜嫩饱满、清甜诱人。"当初在法国的时候她确信,某一样食材若需要长途运输到达目的地的话,味道肯定已经不好了,但现在她正非常开心地吃着远方运来的、春天的芦笋。

然而,同时也有很多令人失望的事物在慢慢累积。多年来,朱莉娅一直想在美国买到好吃的鸡肉——不论是整只的还是已经分割好的,不论是新鲜的或冰冻的,不论是从超市里或者直接从私人肉铺里买的——她却一直未能遂愿,黄油是她的厨房里最受欢迎的食材,美国的黄油与法国的黄油比起来毫无香味,还有法国那种浓稠的、充满了坚果香味的陈酿奶油,在美国也是无处可寻。葱头很贵,也很少见;想买小牛的蹄或猪的板油也是不可能的;牛肉也不如法国的香,而且唯一可以买到的新鲜香草只有欧芹。更夸张的是,美国人不爱喝葡萄酒的习惯很令人恼火。这个习惯本身就令人遗憾,但如果他们不经常喝葡萄酒，也就别奢望他们会把葡萄酱常备在厨房，以备做菜之需，而葡萄酒是调味道必不可少的成分。或许他们可以为了做菜而买一瓶便宜的加利福尼亚红酒，但在朱莉娅的评判标准下，廉价的加利福尼亚葡萄酒可真是糟糕透了。艾维斯想知道味美思酒是否可以成为替代品，因为人们往往会备有一瓶味美思用来调制鸡尾酒。朱莉娅一开始否定了这一想法，因为味美思酒的"强烈的草药味"会使酱汁的味道太重而不好吃。但在华盛顿生活了一段时间之后，她变得宽容了许多。"人们不会为了烹饪而去买一整瓶白葡萄酒，"她向卡西姆解释道，"如果人家只是为了做菜要用到一点点而去买一整瓶，他们也不知道该拿剩下的那些怎么办。因此我认为应该告诉他们味美思酒有时也能帮上忙，因为大家都习惯了家里随时备一瓶，而且那种酒开瓶后也可以保存相对较长的一段时间。"她尝试了不同的比例，用味美思来代替白葡萄酒，结果发现在相对清淡的酱汁里用少许味美思，成品的味道也还是足以令人满意的。

这本书中关于食材的概念可能不是那么严格或原始，朱莉娅根本不在意。相反，她认为食材的变通和弹性是很自然的，不管厨师要做的是什么菜，食材是为厨师的那个菜服务的。她一直讨厌关于普罗旺斯鱼汤的那些故作聪明的说法,有人坚持说,唯一正宗的做法必须要用上了年纪的法国渔夫从某些特定的沿海城镇里打捞的鱼来做。她就曾经在一个沿海小镇勒拉旺杜吃到过一份糟糕的普罗旺斯鱼汤——"很粗糙,除了藏红花的味道就没有别的味道了",所以她觉得自己应该比大部分上了年纪的渔夫做得要好吃。朱莉娅不论到哪里生活都会做鱼汤,从缅因州到挪威,她会用最新鲜的鱼,结果她发现它们不仅美味,而且有着无可挑剔的法国味道。大量新鲜捕获的鳕鱼是她在缅因州做鱼汤的基础,她还用了土豆、茴香和藏红花,她告诉席卡:"味道非常好,而且是正宗的味道……应该有的味道都有了。"一份菜的法国味道跟原始食材的关系不大,而是跟厨师怎么做有着很大的关系。

草莓可以是梦中之莓——她发现自己在法国的每个夏天都狂吃草莓。但开启朱莉娅法国烹饪之路的关键,不是草莓,是技术。师从巴格纳德大厨令她走向光辉的未来。就烹饪方法的逻辑性和透明性来说,每一小步都对最终复杂又美妙的结果有着意义非凡的贡献,朱莉娅找到了她一生的信念。她变成了一个忠实的信徒,不是对于那些所谓圣人制定的教条而言,而是对于法国烹饪可以作为一份长久的蓝图来规划的这个概念——学会了这些基本做法和步骤,就可以应用于世界各地的美食烹饪。此外,学习烹饪这件事对她来说,更加释放了她的想象力、分析能力、学习技能,以及她努力工作的瘾。虽然精心准备的简单菜式,也总是能赢得她的尊重,但朱莉娅喜欢把烹饪做到极致,有点类似于要去爬山,而不仅仅是在公园里散个步。她喜欢钻进厨房,因为这里是最能令她感受愉悦并且充满精力的地方。多年以后,当她的朋友安妮·威兰(Anne Willan)为巴黎的"拉瓦雷讷"烹饪学校准备课程时,朱莉娅建议她在计划早期就留出"大难度或高级项,比如如何做酥皮"。对于朱莉娅来说,人们需求的规模和范围构成了她选择的工作的本质。她对威兰这样说:"一个学生越早接触到点心的制作,他就越能开始感觉到自己是一个厨师。"相比之下,所有关于食材的问题都可以是有弹性的。不论是用罐头食品或冰冻食品、是否可以用味美思代替葡萄酒——这些问题不会有损或破坏法国烹饪的本质。但是如果有一本法国烹饪食谱书上出现了教人捷径的方子,比如说,教你如何做"应急菜",或者是"快速烹饪法",朱莉娅在每一页上看到的则都是毁灭。如果没有了技术，如果仅仅是为了节省时间而令精心仔细的方法让路，那就快看到尽头了。"我发现他们教人简化制作酱汁的方法糟糕透了，简直是令人不安，我也希望不会有很多人喜欢并接受这样的方法，"她写信给席卡说道，"按照那样的做法，将是法国烹饪的终结。"

不过在技术问题上，如果结果令人满意的话，朱莉娅还是愿意考虑现代创新方法的。在蓝带学院她学会了用一个打蛋器打发蛋清、手动打黄油，还学会了在做荷兰蛋黄酱的时候要注意观察蛋黄，以确保蛋黄的浓稠度以及黄油的量都是合适的，还有做鱼肉丸子的时候要花数小时的时间捣碎、过筛和打发食材，现在她买了一台搅拌机和一个电动打蛋器，开始了不同方法的试验。"我发现了一个敞开的新领域，那就是利用电器的辅助做出很多精美的法餐，我们将会展示一些全新的东西，"她告诉艾维斯，"对我们来说，没有什么东西是神圣不可侵犯的。"她很高兴自己用打蛋器打发奶油，或者用搅拌机把奶油打进鱼肉丸子的面糊里，又或是用搅拌机代替传统的研臼做出的调味黄油也能超越前辈们。但即使电器发挥了很好的作用，她对于如何表达她的赞许也很谨慎。

如果一个机器可以帮助厨师从真正的辛苦劳动里解放出来,她会比较直接地推荐。但是如果一个机器要替代一个厨师的技能,替代她熟练的双手和她的观察能力时,也就是说当机器可能让一个做饭的人也变得机械化的时候,朱莉娅必须划清界限。她向读者确保,是的,你也可以用搅拌机做出荷兰蛋黄酱和美式蛋黄酱,所以她会给出包括传统做法和机器做法的两个版本的方子。但她敦促读者们,还是手工来做这些酱汁更有利于仔细观察蛋黄的变化,多做几次熟能生巧才可以了解其中的奥妙。因为一个八岁的孩子也可以用搅拌机做出荷兰蛋黄酱,她补充道——作为一个批注,而不是赞同。朱莉娅从来认为好厨艺绝对不是小菜一碟,需要日积月累的经验。她在写这本书的简介时做了笔记:"生活是艰辛而认真的,大部分时间是痛苦的。如果你清楚自己要做的是什么,那就已经事半功倍了。"

当她在厨房里辛苦地劳动很长时间,一页一页地写着制作步骤,做着一些自己并不熟悉的食物时,朱莉娅偶尔会疑惑,那些美国主妇们是否会像她自己一样对这些食谱充满热情。美国的很多报纸杂志不断发表一些文章,谈论现代女性完全不知道如何烹饪还拒绝学习,她们宁愿打开一些盒装食物和罐头来做一顿晚餐。杂志上吹嘘说现在可以在半小时内就做出一餐美食。"那些广告让人们觉得傻瓜才会花时间认真做些东西。"朱莉娅写信告诉席卡。"现在到处充斥着很多书和文章教你如何做快手菜,却鲜有教你把味道做好的方法。"美国人对于烹饪的想法和方法,跟法国人大相径庭。家庭主妇们光是看着菜谱就开始担心得弄脏多少锅碗瓢盆,要洗多少碗碟;她们为了节约成本而喜欢用人造黄油,可是她们做梦也不会想到那会影响菜肴的风味;她们随意地把三四样并不相配的食材放在一起,煮出一个杂锅菜。"砂锅炖杂菜,"朱莉娅向艾维斯抱怨道,"我甚至讨厌这个名字,因为对我来说,它总是表示一锅杂乱无章的食材。"她也不能忍受美国人对营养的迷恋。"我认为一个人要想摄取某种维生素,那就吃新鲜的沙拉和水果,煮熟的东西应该是绝对美味的,哪管他什么维生素。"在奥斯陆的美国使馆夫人俱乐部的一次午餐会上,朱莉娅遇到了她向席卡描述的"我吃过的最糟糕的一餐",这是一个关于美国人到底都吃些什么的特别耸人听闻的例子。"当我们就座时,每一位客人面前都有一个大盘子,里面有一堆粉红色的东西,就摆放在一片生菜叶子上面。这堆东西竟然是1.2

升冰冻了的奶油、蛋黄酱、冰冻草莓、香蕉、桃子、葡萄……的混合物！所有东西硬如磐石。而那片生菜叶子又太小，我都不能把不想吃的东西藏在它下面。接着是甜点，是一个香蕉果仁蛋糕，每一个客人都有一块巨大的蛋糕，蛋糕被一层很稠的黄褐色的糖霜包围着，我觉得肯定也是混合了好几样东西做出来的，我完全不能想象到底是谁做的，老天爷啊！"

但她不相信冰冻水果沙拉已经永久地麻木了美国人的口味。当然，如果她和席卡可以把她们的食谱做得简明扼要，那些美国的家庭主妇就会做出改变。一旦她们亲口尝到第一次自己做的完美的鸡胸肉、第一次吃到正宗的煎蛋饼、第一次自己做出来一个清爽口味的蛋糕之后，而且蛋糕的松软是靠打发蛋白而不是用泡打粉……她们怎么能抗拒这样的食物呢？更大的挑战是要如何说服家庭主妇们愿意看完这些冗长的食谱，如何让她们愿意接受这样花费大量时间的烹饪方法。有一个解决方案是尽可能地提前做一些工作，朱莉娅早早地就提出了这个特色战略。时钟嘀嗒嘀嗒无情地逼近晚餐时间，恐慌感袭来，各种细节引起她的注意——这一切都是她熟悉的感受。在这整本书的工作中，她始终最先考虑的是她所说的"厨师女主人"的需求。她告诉艾维斯,每一个方子都会写清楚怎样尽可能地提前做些准备工作,以及如何正确保存,那么即使吃的时候再加热也不会影响到味道或质地。"有很多很多的食材都可以提前做好,包括绿色的蔬菜、酱汁鱼、烤肉、炖菜、煎炒的菜等等,"她解释道,"没有理由让人总是吃杂锅菜。"

1957年底,朱莉娅当时住在华盛顿,她认为在美国杂志上发表一些文章会是个好主意。她和席卡的工作已经进入最后阶段,正准备把手稿交付给霍顿·米夫林出版社,所以如果能够提前做些小宣传肯定会对将来书的面世产生积极影响。在仔细考虑过美国人会被什么样的东西吸引之后,她写了一篇关于如何做比利时特色"奶油红酒炖鸡"(Waterzoï de poulet)的文章。因为1958年的世界博览会即将在布鲁塞尔召开,这个方子其实很及时,而且她觉得这个方子对普通家庭厨师来说也没有什么特别困难的部分。因为她的编辑,多萝西·德·桑蒂拉纳,常驻波士顿,朱莉娅把这篇文章寄给了约翰·莱格特(John Leggett),他是霍顿·米夫林出版社驻纽约的编辑,让他试着四处推广兜售一下。朱莉娅让他给杂志编辑解释一下,虽然这个方子看上去很长,其实一点都不复杂，只是比较详细。让她吃惊的是，没人愿意买账，尽管这个方子仅仅需要把鸡蒸熟，泡在葡萄酒里煮一下，然后把蔬菜切成丝一起煮熟，最后用蛋黄、奶油和高汤做出一种香浓的酱汁浇上去。《麦考家杂志》(*McCully's*)负责美食板块的海伦·麦考利（Helen McCully）看了一眼这个方子，然后说如果她把这个食谱拿给她的总编辑看的话，"她大概会昏死过去的"。麦考利说，她自己其实能看出这是一个写得很好的方子，但是一个"非专业厨师来看的话会觉得相当麻烦"。朱莉娅并不气馁。她把这个方子简化了之后，连同另一个可行的方子一起重新寄给了莱格特，那个方子是酥皮裹去骨酿鸭。"这是一道非常美味的菜，热食冷食均可，效果很棒，"她充满希望地写道，"大多数人会认为这是一种自己不可能做的菜式，只有专业厨师才做得出来，但只要有了如我们的方子这样很好的指导，即使是普通的厨师也完全可以胜任。"她还为《生活》(*Life*)杂志预写了一篇跨页文章，题为《生活会剔除一只鸭子的骨头》。

莱格特没能成功地把这两篇文章推销出去。麦考利说即使是精简版本的奶油红酒炖鸡对于美国家庭主妇来说也是太复杂了，其他的美食编辑也有同样的反应。朱莉娅第一次开始担心她可能与整个国家脱节了。"我深感沮丧,被疑虑折磨,我觉得或许我们所有的努力工作换来的可能只是令人不快的结果。"她对艾维斯承认说。但她不想仅仅是因为这些杂志编辑不懂法式烹饪,自己就得把食谱方子改写成三岁小孩都看得懂的样子。她对莱格特说:"我相信完整版的书会自己说明问题。"席卡来到了华盛顿,她俩为1958年2月24日这一天的截稿日完成了最后的一点文字工作。

虽然赶上了截稿日期,但她们交付出去的手稿没有说清问题,证明自己的价值,至少不是用霍顿·米夫林出版社可以理解的任何语言。这个稿子完全是一个大怪物:八百页的内容只涵盖了禽类和酱汁的做法。朱莉娅当时的想法是,这将作为之后每两年出版一本的系列丛书的第一卷,下一本会介绍鸡蛋和蔬菜的做法,然后未来慢慢写出关于肉类、汤类、鱼类等等的丛书——"我将把毕生精力献给这套书,因为这个主题可以写的东西太多了。"她高兴地说。她几个月前曾试图跟多萝西·德·桑蒂拉纳解释这个计划,桑蒂拉纳反对说,出版社想要的是一本食谱书,而不是一套无穷无尽的丛书。她们之间的误会一直没有清除,现在桑蒂拉纳凝视着这本充斥着大量细节到近乎疯狂的食谱时，面无人色。朱莉娅在书里告诉美国的家庭主妇，如果你想自己做一只板鸭，便会发现很难买到一只用正确方法屠宰的鸭子，这个意思是：为了把鸭血留在鸭子体内，从而使做出来的酱汁饱满浓稠，这只鸭子必须是窒息而亡的，所以你也可以效仿现在许多法国餐馆的做法，在炖板鸭时加入些新鲜的猪血混合上一些葡萄酒。"这不是我们合同里要求的书。"桑蒂拉纳几乎崩溃。朱莉娅起先不同意，但当她退一步，用旁观者的角度再去看这部手稿时，她可以更加清楚地看到她们交付出版社的到底是什么：那是一丛巨大的、密集的荆棘，令人无从处理。

桑蒂拉纳直接拒绝了这份手稿，但她仍对朱莉娅和席卡印象很好，她邀请她们为制作一本更适销的书而重新计划。她甚至还对朱莉娅所说的系列丛书的想法有所认同，但她说，那些书必须与她手头现在拿到的这本非常不一样才行。每一本书都必须是非常简单、非常紧凑的，应该基于一个典型美国厨师的时间限制和不同的关注点去写这些书，"她们除了做饭，还要做母亲、护士、司机和家庭清洁"。朱莉娅知道这是很明智的建议，但这并没有吸引她。她还想写包含了法国烹饪方方面面每一个本质要点的一部长篇论文,尽管如此,跟席卡商议后,她决定放弃那个想法,并在美食方面接受美国的生活方式,或者至少接受普遍存在的悲观看法。美国人似乎喜欢"速度与减免工作量",她对桑蒂拉纳说:"所以我们决定暂时搁置自己的梦想,做一本短小精悍,让家庭主妇能上手的食谱书。"这本书大概会有三百页,主要涵盖一些有特色又正宗的法国方子,以及少量可以使用冰冻食品和罐装食品的方子。"一切都会是以简单为主,但又不乏味的,"她答应道,"这些食谱看起来会很短。我们甚至设法加入一句欢乐、别致又时髦的批注,这将是一个令人愉快的变化。"

她打算做她所鄙视的那种书。当然,她会努力把它提升一些,让它不像大部分杂志所认为的法国烹饪那么浅薄——"安静的别致"(quiet chic)或许有所帮助,假定这样一种创新可以有一个模式,但她就是在对世界上她最不喜欢的人——那些坚决抗拒烹饪的家庭主妇说话了。朱莉娅从来没有仔细想过这个表述,但她越来越讨厌它了。编辑、出版商,以及每一个在美国谈论食谱的人都会向家庭主妇们鞠躬并欢呼,那些无处不在的女性永远被描绘成匆匆忙忙的角色,她们从洗衣房赶到停车场，又忙着带孩子赶到童子军队伍，她们没有时间做顿像样的饭，大家还公认的是，她们毫无学习的愿望。朱莉娅现在面临的任务是赢得这些她不怎么喜欢的生物的忠诚。其他烹饪书的作者成功了，也许她和席卡至少可以提高一点标准。她让艾维斯给她寄来一本霍顿·米夫林出版社出版的最畅销的食谱书《海伦·科沃比特的食谱书》(*Helen Corbitt's Cookbook*)，作者海伦·科沃比特是一位在内曼·马库斯（Neiman Marcus）①开餐厅的很受欢迎的得克萨斯美食专家。科沃比特的红酒烩鸡（Coq au vin）的食谱方子里，除了食材表，做法只有二十五个单词。"这是一个很好的简易食谱的例子。"朱莉娅写道。她表示了由衷的钦佩，当然那是对于食谱写法，而不是对于食物本身的钦佩。

但是在对这本新书考虑了几周之后，朱莉娅不得不反悔了。罐头酱汤？装满冰冻蔬菜的砂锅？方便第一，不考虑风味和质地？她不能允许自己勉强为那些憎恶食物的家庭主妇写食谱书，她们做晚饭时非要与食物保持最少的接触。如果她和席卡打算出版一本食谱书，书里

---

① 美国以经营奢侈品为主的高端百货商店。

必须教人做饭，如果这意味着会吓跑那些家庭主妇，那么这本书的读者就会是另外的人群。当朱莉娅写信给桑蒂拉纳确认新的图书写作方案时，她已经为她与席卡满怀诚意创作的一本书，想好了新的写作范式——这本书会实在地面对美国的生活方式，但不会涉及阴暗面。"这本书会收集一些很好的法国菜，我们做出简化版，面向那些喜欢烹饪和对食物有感觉的读者。"她告诉她的编辑。自此，她开始撰写那本最终被命名为《精通法国菜的烹饪艺术》的书。

目标仍是同样的——通过清晰、精准的食谱方子，利用超市里采购的食材来做出法国味道。朱莉娅曾经需要艾斯可菲和其他大师们给予她技术上的指导，现在的她已经可以放手去做了，她不再鞭笞自己要做"完整、详尽和不朽的食谱书"，她告诉艾维斯。现在的挑战是精简食谱的数量和长度，减少里面的冗词赘语，同时保持原来的结果。"我没有办法把烤鸡的方子在两页之内写完，"她抱怨说，"如果不说清楚抹油、淋汁还有翻烤，那就不是一道法国烤鸡了。"但她做到了，在最终出版的书里，刚好就是两页，包括所有抹油、淋汁、翻烤和做酱汁，以及准备工作的注意事项。新方法中的自由度也意味着她们可以把席卡自己的一些蛋糕和甜点的方子囊括进去,后来的事实证明,这些是书中最受欢迎的部分。

这次写作花了大概一年半的时间,她们在1959年9月将书稿满怀信心地寄给了桑蒂拉纳。此前她在她们写作的时候就读过一些章节,在用了四天时间研读了整部手稿后她来信说,她感到非常兴奋,叹为观止。"我从来没看到过任何其他稿子是如此惊人地准确、包罗万象。"她告诉朱莉娅。这个好消息使朱莉娅、席卡和艾维斯乐上云霄,但两个月后又砰然落下。保罗·布鲁克斯(Paul Brooks)是霍顿·米夫林出版社的主编,他通过咨询出版社的发行部发现,如果要出版这本书,公司无疑会损失一大笔钱。朱莉娅曾承诺要写的是一本"短小精悍的面向家庭主妇的书",布鲁克斯提醒她,而她现在交来的手稿却是一本截然不同的书——这本书还是很厚、印刷费高昂,而且最主要的是这本书似乎会令"美国家庭主妇"望而生畏。

又来了!又是因为家庭主妇。布鲁克斯向朱莉娅保证,如果她想再尝试一次,他会很希望读到一个大幅精简的版本。但是朱莉娅已经对于家庭主妇这个话题厌恶至极。让她在写板鸭制作的时候不写历史和民间传说,她可以忍受，但她不愿意在法式烤鸡的方子里再减掉任何重点了。她不会为了任何不愿意迎头赶上的"孩子专属司机型妈妈"（chauffeur den-mother）写食谱。失败感、沮丧感，而且感觉自己令席卡大失所望，朱莉娅一个人走进厨房，开始做饭。点心技术——这是法国烹饪技巧里她相对不太熟悉的领域，或许她真的应该好好学习一下。她开始做瓦片饼干（tuiles），那是一种非常精致的点心，必须在一出炉的时候就立马用擀面杖加工以便形成曲线。"准备面糊简单得要命，但在所有的法国食谱书里我都没有找到一个很确切的具体方子，所以我只能心中无数地开始尝试。"她热切地告诉艾维斯。居然有那么多的陷阱！烤箱到底应该有多热？面糊浓稠到什么程度才合适？当你把饼干从烤箱里拿出来要用擀面杖加工的时候，又是怎样防止饼干碎裂？烹饪，特别是探索性的烹饪，为了找到完美的配方而不断摸索，总是令她舒适欣慰。现在她又回归到探索性烹饪上来了。

朱莉娅在厨房做饭时，艾维斯却正在策划。在过去的几年里，她一直跟她的朋友威廉·科什兰（William Koshland）谈到这本书，后者最近刚刚荣任克诺夫出版社（Alfred A. Knopf）的执行总监，这是美国最著名的出版社之一。科什兰是一个美食爱好者，一直出于兴趣关注着这部书稿的动向。作为一个在美食界有很多朋友的纽约客，他确信霍顿·米夫林出版社目光短浅，并且认为现在正是出版一本法国烹饪书的最佳时机。家庭主妇们可能没有足够的时间来做那些耗时的、她们不太熟悉的方子，但科什兰认为，一定也会有很多"真正的厨师和兴致高涨的家庭厨师"会对这本书着迷。他们到处旅行，会去上烹饪课、订阅美食杂志，也会购买那些大本大本的、由一些杂志社出版的高级烹饪杂志——"这个国家从未对美食有过如此高涨的热情。"他告诉艾维斯。很多出版业的预言家看到了这个微不足道的趋势，尽管跟那些被媒体大力推荐的各种快速烹饪相比较，这个趋势甚至是可以被忽略的。但某些东西告诉科什兰，这本书作为一种真正的教学工具，完全有能力开创一个属于它自己的潜在市场。这份稿件在霍顿·米夫林出版社的地位忽上忽下，科什兰不断地提醒艾维斯，他希望克诺夫出版社可以排队等着来出版这部稿子。朱莉娅刚刚听到霍顿·米夫林出版社传来的坏消息时，艾维斯就把这本书的手稿直接寄给了艾尔弗雷德·克诺夫本人，就像出版界里的其他任何人一样，克诺夫也是她的朋友之一。"不要绝望，"她写信告诉朱莉娅，"我们的战斗才刚刚开始。"

艾尔弗雷德·克诺夫和跟他一起经营公司的妻子布兰奇（Blanche），对出版一本新的法国食谱没有任何兴趣。他们刚刚出版了一本由艾斯可菲的门生约瑟夫·杜楠（Joseph Donon）所著的《经典法式烹饪》（*Classic French Cooking*）。对新兴的美食市场之需来说，这肯定已经足够了。艾尔弗雷德甚至都没有看一眼稿子，但出于对艾维斯的礼貌，他把稿子交给了被视为他们公司内部的美食专家的科什兰。科什兰即刻把它交给了一位年轻的编辑朱迪丝·琼斯（Judith Jones），她曾在法国住过一段时间，而她自己也是一个很有天赋的厨师。他们两人再加上早些年曾经在鲍勃斯—麦利尔出版社（Bobbs-Merrill）推出过《烹饪之乐》的安古斯·卡梅伦（Angus Cameron），他们一个一个地研究那些方子，越来越对每道菜的成品感到兴奋。琼斯觉得这本手稿是一个非凡的成就，是她见过的第一本可以使她在法国很爱吃的那些味道重现的书。从朱莉娅的写作当中，琼斯不仅可以读出一个烹饪行家的专业素养，一位风度优雅的作家和一名异常优秀的教师亦跃然纸上。这本书在美国人当中肯定会产生很大的反响。但是如果克诺夫不同意出版这本书，人们甚至都无法读到它,而且科什兰很清楚地知道,此书的出版障碍重重。印刷出版这本书的成本很高,他对艾维斯坦诚相告,但他告诉她,他已经准备好了"逼迫董事会通过",不论艾尔弗雷德和布兰奇会有多么不情愿。朱莉娅对克诺夫出版社并不感到乐观,尤其是因为他们刚刚出版了杜楠的书,但当她听到这个消息——当她得知有几位编辑已经打开他们自家的炉灶,跟着她的食谱做了菜并且喜欢得不得了的时候,她开始看到了小小希望之光。

科什兰最终赢了,这本书在1960年5月被朱迪丝·琼斯作为一个大项目的开头正式接手了。在朱莉娅之后的职业生涯里,琼斯一直是她的编辑,不仅是在她们一起做书的时候,还有之后她们一起做电视节目、做杂志,以及朱莉娅作为公众人物的生活里,她不断给朱莉娅建议、各种启发,帮她稳定局势,并且无数次用不同的方式挽救了朱莉娅。书名《精通法国菜的烹饪艺术》就是琼斯的杰作——击败了其他备用名:《终于来了法国餐》《法国厨房的乐趣》和《爱与法国烹饪》……而且琼斯知道,如果有朱莉娅掌舵的话,美国人甚至可能冒险去开启挑战自己做杂豆炖肉或法式面包的旅程。

《精通法国菜的烹饪艺术》一书在1961年10月终于令人欣慰地出版了。《纽约时报》的克雷格·克莱伯恩（Craig Claibore）称它是"荣耀""全面""值得称赞和具有里程碑意义的"。纽约美食界的精英们聚集在由迪欧尼·卢卡斯（Dione Lucas）主持的出版晚会上，卢卡斯自从20世纪40年代开始就作为全美国最重要的法国烹饪专家主宰着法餐世界。但即使在法国食谱书这样的小类别书目里，这本书也遇到了激烈的竞争。《美食家》杂志出版了一大本由路易斯·迪阿特（Louis Diat）所著的《给美食家的基础法餐知识》(*Gourmet's Basic French Cookbook*)，迪阿特是纽约丽兹卡尔顿酒店的厨师，在朱莉娅敬仰多年的杂志里设有美食专栏。著名的烹饪百科全书《法国美食百科全书》(*Larousse Gastronomique*)，由朱莉娅以前在史密斯女子学院的同学夏洛特·特金（Charlotte Turgeon）作为合作编辑，也迎来了美国首发版。虽然克莱伯恩自己写的书，《纽约时报精选食谱书》(*The New York Times Cookbook*)，并不是专门讲法国烹饪的，但它足以吸引许多热情的家庭厨师，而这些家庭厨师，正是朱莉娅指望她们会购买自己的《精通法国菜的烹饪艺术》的潜在目标读者。早期的法国食谱书，包括塞缪尔·张伯伦

（Samuel Chamberlain）的广受欢迎的《克莱门泰在厨房》（*Clementine in the Kitchen*）和他那本六百一十九页的《法国菜》（*Bouquet de France*）仍然还摆在人们家里的书架上。还有迪欧尼·卢卡斯的两本新书，以及他在1950年就出版了，而且销量一直很好的第一本美食家食谱书。在美国似乎有着一些有才能的、雄心勃勃的家庭厨师，但也许他们对早已存在了的那些书已经感到很高兴、很满意了。尽管有着很多热烈的评论，以及朱莉娅和席卡自己出钱做的令人振奋的全美巡回宣传推广，《精通法国菜的烹饪艺术》出版第一年的销量只有一万六千本。

"销售量可能不太壮观，但我完全有信心，好的口碑会让这本书持续到永远，成为经典。"科什兰向朱莉娅保证道。"口碑"并不能打动她，她更愿意看到多些广告。克诺夫出版社制作了一本外表华丽的书，却似乎没有花心思去做足够的推广。大部分公众对《精通法国菜的烹饪艺术》一书的了解都源于朱莉娅和席卡巡回推广所吸引到的媒体的关注。"我们的出版商真是我所遇到过的最不善经营的了，"她怒气冲冲地对席卡说道，"他们让我想起了我之前在蓝带上完早课后曾去过的一家小咖啡馆。我认识的一个男孩带我走向老板娘并介绍说：我给你带来了一个新的客户。哦！她说，我已经有足够的顾客了！"

但在某种意义上，科什兰是正确的，公司的那些低调的促销并没有太多地影响到整体销售。那些目标读者也就是热情的家庭厨师，他们可能不会急于赶到书店里买书，但令每个人都很讶异的是，似乎有很多这以外的人非常愿意在精致法国烹饪方面小试牛刀。1962年秋天，"每月图书推荐俱乐部"把《精通法国菜的烹饪艺术》这本书作为奖励书目推荐给会员，俱乐部希望能推销出去一万两千本左右。到了翌年3月，他们已经售出了六万五千本，订单仍在不断涌入，而《精通法国菜的烹饪艺术》亦成为该俱乐部历史上最受欢迎的奖励书。与此同时，创办于1963年的《法国大厨》这档电视节目正在把朱莉娅包装成一个电视明星。当他们的节目在一个又一个公共电视台播出之后，这本书的销量暴涨；1974年，《精通法国菜的烹饪艺术》出现在《纽约时报》"本世纪最畅销的食谱书"的名单，售出一百三十万本。首次出版近半个世纪之后，这本书专门为了介绍食物料理机以及其他几个更新之处而修订过一次，并且重印了几十次。目前的销量还稳定在每年一万八千本左右。

当这本书在 20 世纪 60 年代中期建立了成功地位之后，朱莉娅和席卡开始考虑第二本。这时，朱莉娅已经开始挣脱她所说的"法国传统烹饪"的束缚；第二本书反映了她开始做一些早期她不允许自己做的自由尝试。总体上来说，第二本书专注于介绍有特色的法国食物，包括肉类和面点，以及长达十九页的关于法国面包的方子，但还是关于西蓝花的那一部分才显示出了朱莉娅的新思维。她一向都很喜欢吃西蓝花，尽管在法国人们很少吃它，她还是忍不住把西蓝花写进了第一本书里。但她控制自己只写了很少的做法，语气里几乎带着歉意。在第二本书里，她坚持给西蓝花做了一个热热闹闹的介绍，用了八页，介绍法餐里的做法，包括用它来做夹心馅饼——"因为这是一本为美国读者写的书，而西蓝花是我们最好的蔬菜之一，所以我们要给西蓝花来点法国味道。"她坚定地向席卡解释着。（事实上，熟猪肉、糕点，以及法国面包的章节也完全是为美国读者写的，因为在法国，没有人想在家自己做这些东西。）在她的下一本书《来自朱莉娅·蔡尔德的厨房》里，她让自己真正地自由发挥，她甚至把一个普通的"苹果千层酥"命名为"罗斯玛丽"，她经常说这是她最喜欢的书。"现在我终于不必那么在乎所谓经典和'法式'了，"她对琼斯说道，"见鬼去吧，我接受的是法式烹饪的培训，我以此为基础和背景做我想做的任何事。"虽然她仍然觉得法式烹饪技术是任何烹饪的最佳切入点，但她不再以"法式正宗"和"不正宗"来作为评价食物的原则，取而代之的是随着她事业的发展，渐渐浮现出来的两种新的评价标准。

1961年初，当朱莉娅和席卡第一本书的工作告一段落的时候，朱莉娅回顾了她们冥思苦想了近十年的问题。"人们总是说'**法国烹饪与其他国家的烹饪到底有什么不同**'。"她在给席卡的一封信里提及。在最终定义里，她写下了四条原则。

> 对食物本身以及制作的极大热情
>
> 延续了好烹饪的传统……从人们青少年时期就形成了法国口味
>
> 享受烹饪本身的愉悦——爱
>
> 愿意多花几分钟以确保所有事情都在正轨上，不会出差错

除了"法国口味"以外，这个清单上所列举的东西

并没有把法国烹饪与其他任何一个值得关注的烹饪形式特别明显地区分开来。相反，尽管她完全致力于推荐法国美食，但她写下的清单完美地概括了自己对食物的整体观点。她对于烹饪最高的赞美之词从来不用"法式""专业"或"美味"，但她经常用这样的话来形容美妙的食物：她用到的最高赞美词是"认真"——当她开始写下这些原则时，这是她的指尖键入的第一个词。对于朱莉娅来说，一个"认真"的厨师，是做事细致、考虑周到、知识渊博的，你可以从他所做的食物里品尝到他在烹饪中享受的乐趣。因此，她在稍后的年月里最钦佩的是戴安娜·肯尼迪（Diana Kennedy）和麦德赫尔·加佛利（Madhur Jaffrey），尽管朱莉娅对墨西哥菜和印度烹饪的兴趣不是那么大。

而与"认真的厨师"相对立的，是在清单中最后一条原则里提到的暗黑天使，就是那些不愿意为了做到完美而多花几分钟时间的厨师。这样的厨师——不论是男性还是女性、不论是法国人还是美国人、不论是大名鼎鼎的厨师还是居家的无名小卒——都不可避免地与"家庭主妇"有关。朱莉娅从来没有从她早期关于这个词的伤痕累累的经验当中恢复过来，她始终拒绝和这些生物产生任何关联。每当有关家庭主妇的问题出现时,多年来她一直如是说:"我们的目标读者是'喜欢做饭的人群'。"是的,超市买来的食材也可以被做成正宗的法国菜,但是有两种不可或缺的成分,而且没有任何替代品,朱莉娅经常提及:时间和爱。

第四章 我的表现

当客人来到剑桥市欧文街 103 号享用晚餐时，他们会把整个晚上的时间花在厨房里。那里有一张大而舒适的桌子，朱莉娅做菜的时候看到大家围坐一起：有时候她会邀请客人拿起一把刀或打蛋器，跟她一起动手。必要时她会独当一面，但她真正喜欢的是大家手上各执一样厨房工具，有人切着大蒜，有人倒酒，有人在聊天，这就好像是一场温馨的美食音乐会，大家动手，让协奏曲响起来。独自烹饪又是非常不同的，但事实上，朱莉娅从来没有真正独自一人烹饪过。在她做电视烹饪节目之前很久，她就意识到身边有观众——第一次是她的父亲和妹妹，他们对于那天的早餐显得很不耐烦，因为她在忙乱间把煎饼搞砸了，还把咖啡洒得到处都是。之后她还记得，客人们安静地坐在客厅里等待晚餐，而她却在厨房里痛苦地纠结着牛排到底是刚刚好还是煎得熟过头了？抑或是还没熟？初为人妻时，她通过不断地修炼，把自己培养成那个她说的"厨师女主人"，她要确保自己可以在安排一个晚宴的时候不出任何差错，至少不出任何她无法顺利弥补的差错，还要与宾客们谈笑风生。"我一直觉得那就像是一场演出，好像你自己在电视里或剧院舞台上——必须表现完美，一次通过，因为不能重拍。"她在1953年的时候这样告诉艾维斯，那是在她第一次看到电视摄像机的近十年之前。为了测试书里的食谱，必须一遍一遍又一遍地做同一道菜时，她喜欢假装她是在观众面前做饭。部分原因是因为这是烹饪学科里的一种形式，厨师不能放松自己，不能陷入随意、不专业的样子；而另外一部分原因是她享受有人做伴的感觉。当朱莉娅真正开始在镜头前做饭，她最早的粉丝们不断地感叹她如何能在电视上看起来是那么"自然"，那么"真实"，那么"诚恳"，就如同在自己家里一样那么"舒适自在"。他们是对的，因为演示早已成为她的第二天性。

在《精通法国菜的烹饪艺术》出版后不久，朱莉娅第一次上了电视。她和保罗几年前已经决定在保罗退休后，他们就住在剑桥，当克莱伯恩洋溢着赞美之词的书评发表的时候，他们正在他们的大隔板房里安顿下来。"有了这样的书评，想必我们成功啦！"她兴高采烈地给席卡写道，"太棒啦！"之后在那一年的十月，为了这本书的全美巡回推广，席卡来到了美国，这两个突然变成了新闻人物的女人，应邀参加了《今日秀》(*Today*)[①]。

---

① 美国全国广播公司（NBC）的一档电视节目。

朱莉娅一开始并不是特别紧张，也许是因为她从来没听说过《今日秀》。她和保罗没有自己的电视机。但当她得知会有四百万观众收看这个节目时，她意识到自己需要好好做一个计划。"在五六分钟之内，我们能做的最快、最富有戏剧性的事情是做煎蛋饼。"她之后告诉她的妹妹。电视台说他们会提供一个炉子。实际上他们只是准备了一个勉强能用的电炉，功率太小了，都不能好好加热。但她和席卡带了三打鸡蛋到演播室，在她们的节目开始之前练习煎蛋饼。在直播开始的五分钟之前，她们就开始加热煎蛋的平底锅，好似一个奇迹，当她们真的需要用到它的时候，那口锅居然已经烫到发红了。朱莉娅对这一次录制节目的印象非常深刻，大家都很友好随意，但摄制组的人员绝对是非常专业的，时间掌控得很好。这正是她对自己的电视节目所要求的。

几个月后，第二个电视节目的邀请也找上门来，正是这次电视节目改变了朱莉娅的生活。关于这次节目，现在留存的线索只有一条用铅笔写的注释：

Beatrice Braude　　UN4-6400
WGBH-Chan.2　　CO2-0428

84 Mass Ave

opp MIT

home = 354 Marlborough St.

TV

  比特莱斯·布劳德（Beatrice Braude）是蔡尔德家的老朋友了，最近在麦卡锡的整肃运动里，刚刚被巴黎的USIS电视台解雇了。现在她在波士顿新兴的波士顿公共电视台工作，她安排朱莉娅到一档读书推荐节目《我在读》（*I've Been Reading*）做嘉宾。"他们想要我做一样菜，他们也提供一个电炉！"朱莉娅之后告诉席卡。这一次节目她有整整半个小时，所以她不仅做了一个煎蛋饼，而且还简短地示范了如何打蛋清、怎样切菜和给蘑菇切花纹。据她所知，所有看了那期节目的人只有她的五个朋友，还有她在剑桥经常光顾的那家肉店的屠夫杰克。但节目播出后，有二十七个欣喜若狂的陌生人来信说他们大爱这个女人做饭的节目，恳请电视台一定要再请她回来做更多节目。二十七封信对于波士顿公共电视台来说已经是排山倒海的气势了。电视台的管理人员们都惊呆了，他们要朱莉娅拟订一个可以摄制一系列法国烹饪节目的计划书。

如果没有被波士顿公共电视台发掘,朱莉娅本人,连同这本《精通法国菜的烹饪艺术》,很有可能就会陷入相对默默无闻的境地,她也不会有被其他任何人发现的可能。其他电视台,甚至是所谓的"教育电视台",也不可能提供机会给这样一个相貌平平的中年妇女,她不仅做些蛮难的菜式,而且教做菜的时候嘴里还掺杂着大量的外来词。但因为波士顿公共电视台是在波士顿,这正是使它与众不同的特点。那里的许多大学和学院,包括历史悠久的上层社会机构,如波士顿交响乐团和波士顿美术馆,以及一众受过异常良好教育、见多识广的人口组成使得波士顿在全美显得独一无二。波士顿公共电视台的创始者想让这个新兴的电视台大放异彩,也能成为镶嵌在这个城市文化皇冠上的一颗宝石。观众们的反应很快就说明法国烹饪在这里非常适合,朱莉娅也发现了这一点。

1962年的整个夏天,她录制了三个试播集:《煎蛋饼》《红酒烩鸡》和《舒芙蕾》——并且回家在他们自己的新电视机上观看了试播集。第一次出现在荧幕上,她惊恐地看到自己显得动作鲁莽、喘着粗气,她调侃自己是"蒸汽机夫人",但她决心要掌握更好的方法。"烹饪的那部分很顺利,但边说话边做事,我的表现就看起来很不专业。"她告诉席卡。她决定,一切动作都要做得更慢,就好像她是身在水底一样。

这些试播集的原带已经丢失了,但从电视台收到的无数信件来看,那个冒险站在摄像机镜头前的朱莉娅,在那个夏天已经把自己的天性拍进了电视节目。"我喜欢她就这样站在镜头面前直接面对观众的这种方式。"一位最初的粉丝这样写道,"我爱看煎锅差点从台子边缘掉下去的时候她身手敏捷地一把抓住那口锅,也爱看她四处寻找一个可以用来盖砂锅的盖子。我还爱看她手上的各种动作,她的双手处理食物的时候是那么坚定有力,引人入胜。"多年以后一个朋友告诉朱莉娅,说她正准备第一次在电视上做菜,感觉很紧张,朱莉娅给她的建议很简单:"你只需要想着食物。"不论朱莉娅是在一个电炉上给煎蛋饼翻面的时候,还是在电视台配备的精美厨房里手上举着一个大牛肚的时候,食物才是点燃了她表演天性的火花,给她的表演带来了最大的自由。

系列电视节目的录制在 1963 年 1 月开始了。她以《法国大厨》节目正式亮相,朱莉娅选择了"勃艮第红酒炖牛肉"这个在她自己的记忆中、在任何一个曾光顾过一家法国餐厅的人心目中最具标志性的法式名菜。此外，它就只是炖牛肉。即使是一个家庭主妇也不应该被炖牛肉吓倒。这也将很好地说明她最喜欢的教学主题：法国烹饪只是一个主题和举一反三的问题。只要人们学会了如何把牛肉煎香、稀释锅底肉渣，然后倒红葡萄酒、把肉放进酒里开始煮……他们就可以用同样的方法做小牛肉、羊肉或鸡肉。早在19世纪，跟朱莉娅一样喜欢研究家政学的那些前辈，也同样被烹饪结构的奇妙逻辑所吸引，找到了基本信条。当然，他们那时无非就是学着做几种不同版本的白酱，而不是像朱莉娅现在这样尝试改变法式炖肉的做法，但朱莉娅所传达的信念跟他们的是很接近的。

朱莉娅努力实践：她把脚本写了一遍又一遍，炖了很多锅牛肉，记录下方子里每一个步骤所需的时间，她谋划了自己在电视台厨房里的工作，并试图记住开场时要说的几句话。摄影机一旦开始转起来，是不会停下的——预算不允许中途有间歇，也无法拍完之后再进行拼接剪辑，所以这个节目不得不编排得像高空走钢丝一样谨慎。2月11日星期一，晚上8点，一大口盖着盖子的砂锅出现在新英格兰所有的黑白电视屏幕上，一个带着喘息的声音扬扬得意地大声说道:"勃艮第炖牛肉!法国红酒炖牛肉!"一只手揭开了砂锅的盖子。"我们要配上焖洋葱、蘑菇和红葡萄酒酱汁来享用它。"这个声音接着说道,在说"红葡萄酒酱汁"中的每一个字时都流露着一种挥之不去的深情,然后那只手拿了一把勺子轻轻地放进炖肉里。"嗯,这是一道非常美味的菜。"接着,这个声音变得有点含糊——"现在,我要……"然后突然停止了。摄像机跟着勺子从炖肉里舀了一勺起来,一直送到了一张嘴面前。这时,屏幕上出现了一个女人的脸,她故意靠向砂锅尝味道的时候眼帘低垂。然后她站直了,脸上带着满意的表情,她把砂锅盖好并放入烤箱,然后把一盘生牛肉放到了操作台上。因为是第一次的节目,很多东西还在磨合,她花了一点时间才找到了正确的那台摄像机,然后,她愉快地看了一眼那台摄像机,闭上眼睛一秒钟,说道:"大家好,我是朱莉娅·蔡尔德。"

纵使她天性随和温暖,这次还是没有完全摆脱紧张的空气。朱莉娅不会弄虚作假:她可以表演,但不能假装。直到面对那盘生牛肉的时候,她才明显放松下来。看到生的食材,总是可以令她恢复平静。她解释说:"这块是嫩肩肉('黄瓜条'),来自肩胛骨这里。"她一边解释，一边在自己的身体上比画着正确位置。显然导演没想到还有这样一个生动的展示性解说，因为镜头还停留在牛肉上面。最后，镜头终于对准了她，正好拍到朱莉娅用手在自己的身侧做着演示："这一块是腰下部的嫩肉，就是从排骨这里延伸出来的肉，一直延续到脖子上。"随后她把肉切成小块，轻松地说着每个人需要的量，她满怀深情地处理着那块肉，就好像是在给一个婴儿涂爽身粉那样。然后要把牛肉煎香，煎三至四分钟后变成褐色，这个过程惊人地说明了电视——至少像朱莉娅设想的那样，可以是一个很好的烹饪老师。煎香牛肉是一个简单的程序，但很容易就会做得不对，而不论出了什么差错，都会毁了一块好肉。她用一种有条不紊的方式，告诉大家容易出错的陷阱在哪儿，以及如何避免犯错。煎牛肉的同时，她头顶上方的一面镜子，让锅里面的内容清楚可见。对一个新手厨师，或者是一个没有良好习惯的厨师来说，这一课一定改变了他们的人生。

用葡萄酒稀释锅底肉渣之后，她在肉上面倒了更多的葡萄酒——"液体只要刚刚淹没过肉就够了。"她一边给出指示，然后温柔地加了一句："法语叫 fleur（花），因为肉看起来像些小花朵。"或许不算那么悦耳动听，但朱莉娅很早就已经可以说标准的法国口音了，现在她故意用美国人的英语发音读出这几个词。花——"福勒赫"变成了"弗莱厄"，奶油面糊（beurre manie）——"倍儿赫曼妮"说成了"倍儿慢耶"，都是小心翼翼地用了美国发音。或许她不想让自己听上去是在故意炫耀，其实她根本不必担心；她听上去完全自然而然，没人会觉得她在装蒜。在以后的节目中，她的口音恢复了正常。

就在开启她漫长电视职业生涯的伊始，朱莉娅的风格已经自成一派——坦率、聪慧、享受工作，给食物们明星般的待遇。她最喜欢的一个装黄油的小碟，大小和形状都像一条小船，已经准备好了；虽然她表扬了她的不粘锅，但她明确表示，不能因为不粘锅不吸油就少放黄油和食用油。在节目录制的最后一刻，站在餐桌边，几乎可以从她眼睛里看见一个嘀嗒作响的时钟，她给今天的节目做了一个总结，至少是第三次提醒观众，他们能用完全一样的方法去做羊肉、犊牛肉和鸡肉，并且邀请他们继续关注下周要做的法式洋葱汤。她本来自己想好了一个结束语："我是朱莉娅·蔡尔德，你们的法国厨师，祝你好胃口（Bon appétit）！"但在节目结束之前最后几秒又改成了："我是朱莉娅·蔡尔德，欢迎收看《法国大厨》，我们下次再见。"她说完后发现好像少了什么，又补充道："祝你好胃口！"

波士顿公共电视台收视范围内的观众爱上了朱莉娅。"我们接到了相当多的电话，人们似乎都非常喜欢这个节目。"朱莉娅在《勃艮第红酒炖牛肉》那一集播出后告诉科什兰，"我觉得录制得很顺利，虽然有几个地方略显匆忙而有瑕疵。"但是没有人介意那点瑕疵，到了3月，电视台已经收到超过六百封信件，有很多人想要得到食谱方子，其他人只是写信来表达他们的欣喜若狂。"电视台开始有点担心，因为每回一封观众来信的费用大约是十美分，但幸运的是，相当多的信件都随信附上了回邮资费。我觉得我们很幸运的是在正确的时间出现了，因为很久都没有一个关于烹饪的节目了，而人们显然需要这样的节目，时机刚好成熟。"她写信给科什兰说。朱莉娅经常把她的成功归因于好的运气、好的时机，但那些邮件完全清楚地解释了为什么人们如此钟爱《法国大厨》这个节目：因为朱莉娅。

"我们爱她的自然而然，而不是一般电视节目的规规矩矩的样子，我们爱她迅速而从容的动作，以及她欣赏享受自己做的菜的样子。当她端着做好的菜坐到餐桌边，脱下她的围裙，我们完全觉得身临其境地跟她坐在一起，以至于节目结束时我们觉得好像有人把盘子从我们面前抢走了一样。"

"我最喜欢你说'哦，我忘了告诉你这个那个'（业余厨师听着觉得自然又亲切）。"

"在这妇女被各种讲究的烹饪和高尚雅致的生活方式狂轰滥炸的时代，你是一个多么令人耳目一新的出现，我希望你能活到一百岁，祝你成功。"

"在这个虚假盛行的时代，我们赞赏并欢迎你所有言行举止里表现出来的诚实与正直。我们爱你，朱莉娅！"

"我特别喜欢看你的电视节目！你是我见过的唯一一个真正专心烹饪的人。"

"伯纳德·贝伦森（Bernard Berenson）曾写道：世界上有两种人，降低生活标准和提高生活标准的人。你绝对是全美最会增强生活乐趣的人！"

朱莉娅曾说，每半个小时的电视节目都要花十九个小时的准备时间。首先，她把每一个方子都拆开成段，然后在家里的厨房试做，而保罗会用计时器给她计时。比如说，解释和演示一个专业厨师会如何最有效率地用一把刀，切碎煮洋葱汤要用到的一个洋葱大概需要多长时间，用黄油或食用油炒洋葱分别需要多长时间，示范用糖、盐和面粉来把洋葱炒到焦香得花多长时间，之后的步骤是在洋葱里加入高汤和葡萄酒，又要多久？他们把每一个步骤都试做了一次又一次，甚至尝试使用不同的单词和短语，以及展示某种特殊的技术可以使用的不同方法。然后，他们编写了一个脚本，用一个详细的图表形式来显示时间序列、食物、厨具设备、制作过程，以及朱莉娅的台词。（虽然她努力准备了尽可能精确的措辞，但她只是在节目一开始的时候记了一些台词，剩下的完全交给了肾上腺素——临场发挥。）每一项需要交代的细节，包括烤箱的温度、煮开水的锅、去了皮和没去皮的芦笋样品，以及太细了而不能用的芦笋的样品、各种香料瓶、各种锅铲——全部都要以出场的先后顺序放进图表里。朱莉娅做了所有必要的准备工作，包括一个菜做好后的成品以及各种食材在不同阶段的样子。同时保罗从朱莉娅面对镜头的角度，画出了可以显示电视台厨房的图表，甚至标出了每一种食物和厨具的位置。

工作台上：

中号刀、一小碗去了皮的洋葱、醋
削皮刀、4.5升的量杯
钢制磨刀器、空的派盘

灶台上的抽屉里：
装面粉的碗、（左）2.5升的空锅
小号金属锅铲、（右）熬高汤用的炖锅
黄油碟、炒好的洋葱、烘烤箱
煨水用的玻璃锅

烤箱里面：一砂锅烤浓汤

备用：（左，下）：大块奶酪，去了皮的洋葱放在防油纸上，刨丝器，量杯里装着磨碎的奶酪
（右，下）：比萨盘，里面装着半个法式面包，一碗烤面包

电视台厨房的条件比较简陋：波士顿公共电视台两年前曾经失火，烧得一干二净，新的大楼还没建好。最早

的六十八集节目是在"剑桥电力公司"赞助的一个样板厨房里完成拍摄的,所有设备都是在彩排和录制时搬运进去的,录制完成后又要搬出来拉走。每次彩排的当天,朱莉娅和保罗早上6点就起床,把摄制节目需要的已经完成的菜品、做了一半的半成品、生的食材,以及他们的设备和图表,全部收拾好放进他们的旅行车。为了某一集节目的特殊需要,他们还会带上额外的物品,比如一张差不多两百平方厘米的牛肉部位分布图。那是保罗头天晚上一直工作到深夜2点多才完成的,他画了牛的骨架结构,还有所有常规的牛肉分割部分。他们老早之前就发现,在电力公司直接走消防通道比用货物电梯更方便些,所以他俩把所有东西都扛上楼,放在那张长长的折叠桌上。然后朱莉娅和制片人鲁思·洛克伍德(Ruth Lockwood)排练一整天,直到晚上,排练的时候用的是朱莉娅所称的"现场食物",因为这是可以保证时间卡得合适,并保证所有细节都正确的唯一方式。摄制组工作的时候,保罗清洗了堆成小山一样的盘子。然后蔡尔德夫妇又打包所有东西放进车里,回到家后再把车上所有东西拿下来,朱莉娅倒上一杯波本威士忌,开始做晚餐,最后上床睡觉。

在正式录节目的日子里，他们要做同样的打包、装车和搬运工作，当朱莉娅和鲁思彩排的时候，摄制组的人员开始陆续到达，扛着摄像机和其他设备也从消防通道走上来。工作室里瞬间堆满了各种灯、摄像机和电缆。控制中心安排在一辆停在拐角处的拖车里，导演罗斯·摩拉什（Russ Morash）坐在拖车里看着两个小屏幕，然后给摄影师发出指令。摄制组的成员们在调试灯光和摄像机的角度，朱莉娅化好了妆，她的衬衫里面挂了一个小麦克风，麦克风上连接着一根线，从她的左腿排线下去连接着一个电源插座。（她从来没有被这根线绊倒过简直是一个奇迹。）最后，舞台监督大声喊道："六十秒！请保持安静！"朱莉娅看向摄像机，录制开始。随后，摄制组成员狼吞虎咽地吃光所有煮熟的成品，在保罗洗盘子的时候稍事休息。然后厨房里又摆上不同的食物和厨具，接着录下一集。最后回到家，还是波本威士忌和晚餐。

时间安排得毫无间隙可言，除了要彩排好几个小时，正式摄录的那二十八分钟是十分难熬的。有一天，彩排完成之后工作室里温度非常高，为了防止黄油融化，工作组把黄油放进了冰箱，而不是方便朱莉娅取用的抽屉里。当需要去拿黄油的时候，她告诉席卡："我发现那里只有一个小碗,里面放着一张纸,上面写着'黄油'。所以我只好说:'哎呀糟糕,我忘了黄油,我总是忘记一些东西。'然后真的去冰箱里拿黄油。我手上拿着黄油盒子回到工作台,从盒子里取出黄油后又无比惊恐地发现,里面只有大约三十克的黄油。幸运的是,我发现摄像机没有跟着我,而是在拍鸡的特写,所以我向舞台总监做了一个'黄油'的口型,他溜到冰箱那里,用颤抖的手把一块黄油的包装纸撕下,在摄像机没有发现他的前提下,把黄油送到了我的工作台上。"制片组常说他们每录制一集人就要老十岁。但那么多年来,因为意外或错误而必须返工的节目屈指可数。而朱莉娅也有不能当场解决的问题。第二集教做洋葱汤的节目,就出现了一个她不能挽救的状况:她太过迅速地完成了制作过程,等她坐到餐桌旁边时,原定还剩两分钟闲聊就结束的节目,变成了还剩七分钟。经历过这次之后,他们制定了一个系统,他们称之为"傻瓜卡"——差不多每一分钟用一张,除了可以跟踪时间,也可以提醒朱莉娅应该说些什么。卡上的内容各式各样,比如:芦笋、设置定时器、如何采购、如何保存、前面的灶开大火等等(她对面的一台摄像机有时候会有一个小帽子和一个标志:朋友,看我!),

后来又发展出在紧急情况下使用的,用橙色代替了白色的一套卡片。如果朱莉娅忘了一种食材,或把一个搪瓷锅说成了铝锅,鲁思·洛克伍德会给她亮出一张特殊的橙色卡提醒她犯了错误,然后朱莉娅就会修正。

六个月后,朱莉娅已经相当熟练了,保罗告诉他的兄弟:"比方说,现在她只会在看到特写摄像机对着旁边锅里的食物拍摄的时候,才赶快擦拭一下脸上的汗水。她的节奏掌握得很好,而不会匆忙慌乱。当她要离开摄像机的范围去做别的事情时,她知道如何给导演发出信号,好让导演安排摄像机跟随她移动,她会说:'现在我要去烤箱那边看看舒芙蕾烤得怎么样了。'而不是突然蹿出画面直接奔向烤箱。"波士顿公共电视台依然被观众来信淹没,观众们完全着迷了。《波士顿环球报》(*The Boston Globe*)发表了一篇社论,把这个节目叫作"新英格兰的热门话题",并且跟朱莉娅签约作为他们报纸美食板块的固定专栏作家。厨具店发现朱莉娅在节目中所用的那些厨具变着花样地售罄——有一个星期是鸡蛋布丁的模子,下个星期又变成了椭圆形的砂锅。"我现在每次出门,街上几乎都有人跑过来跟我搭讪。"朱莉娅不无惊奇地告诉科什兰。纽约、旧金山、加州首府萨克拉曼多、费城、华盛顿，还有匹兹堡都开始播出这个节目，只要朱莉娅一出现在屏幕上，每个播放节目的电视台就会收到大量的信件。《泰晤士报》《新闻周刊》《星期六晚报》，和《电视指南》等报纸、杂志都刊登了关于朱莉娅和这个电视节目的报道。1965年1月，公共电视网的所有九十个电视台都在播放《法国大厨》，波士顿公共电视台发现可以通过销售每周节目录制现场五美元一张的门票来为台里筹钱。保罗在每次录制之前向观众致意，并提醒他们请不要在节目中大声嬉笑。

之后四十年的大多数时间，朱莉娅几乎都花在了电视上——录制新节目、公共电视台和商业电视台，持续整整一个季度的系列片和一次性的特别报道。她成了明星、主持人、嘉宾、评论员，甚至配音演员。一次给数百万观众包括她自己带来极大乐趣的节目，是她和丹·艾克罗伊德（Dan Ackroyd）一起在《周六夜现场》（*Saturday Night Live*）里的一个喜剧小品，事后证明它成了经典。（他们把一只鸡乱砍乱劈了很久，丹不幸砍到了自己还崩溃地尖叫着："留下鸡肝！"）她在摄像机镜头里渐渐老去：那个曾经在半小时内就可以做出一个完整的威灵顿牛肉馅饼的精力充沛的老师，这些年来变成了一位迷人的老妇人，她会让客座厨师来完成大部分的烹饪工作。但她持久的形象是由《法国大厨》于20世纪60年代和70年代建立的。那个形象才是在全美国人记忆当中永久性地占有一席之地的朱莉娅。

《勃艮第红酒炖牛肉》节目里飘过的自我意识，随着经验的增长很快就消失了，但朱莉娅保留了一种电视节目也不能抹杀的真实性，即让那些食物看上去都是鲜活的，似乎是自发地参与这个节目。朱莉娅热烈地欢迎这些食物的参与，倾其所有与食物好好相处——守护食物，让食物给她带来惊喜，几乎会与食物说笑逗乐。有时她拿起一把切肉刀，就可以做出一集演示如何把食物切小的好节目，好像他们都已提前愉快地达成共识，而这样的幸福结局正完满地表达了节目的宗旨。录制她做鱼汤的那一天，她把一个巨大的鱼头放在了她身边的厨房工作台上，当她做高汤的时候，一大只鼓鼓的眼睛正盯着镜头，而她每过一会儿就会找个理由拿起这个巨大的头摸一下。品尝味道，当然是每一集节目里经常会发生的事件，每一次的尝味道都是镜头里最珍视的精彩片段。当她举起勺子把注意力集中在品尝食物的时候，朱莉娅的整个面部表情都停滞了，然后她又恢复了，而且往往都看起来很高兴。"嗯，味道很好。"如果有任何机会啃一小口，她会毫不掩饰地去啃。有一次要做一个萨巴女王蛋糕（reine de Saba cake），在辛苦细致地演示了如何把鸡蛋清切拌进巧克力面糊里之后，她拿起搅拌刮刀，说道："我们在刮刀上剩下这少许面糊，是留给厨师的。"她尽兴地舔着生面糊——与烤蛋糕一样古老的乐趣，她补充道："这也是食谱方子的一部分。"

朱莉娅从来没有说过烹饪会是容易的，但她多次说过，任何人只要想学，都可以学会。一步一步跟着她食谱的步骤做的观众可以亲眼看到当他们加入鸡蛋的时候面糊是如何变浓稠的，也可以看到巧克力隔着一锅热水是如何融化的，当她用一把剪刀剪断了鱼鳃的时候，或者是把一只龙虾头朝下放进一锅滚水里的时候，观众可以从她的动作里感受到她的信心。她总是把每一个细节都解释得很清楚，且言无不尽，而不是本能地只管去做。往往当她不用量匙就随手抓起来一小撮盐或者香料的时候，她其实非常清楚它们确切的量，也总是会说出来。"这就是半茶匙盐的样子。"一次，她一边说一边把盐倒在手心里展示给大家看。她在教人们烹饪时要用到自己的感觉，因为她认为这些感觉就像是好用的刀那样，属于每一个经营有方的厨房。对于精准度来说，最好的工具就是一个细心的厨师随时在看、闻和尝。在做橘皮蜜饯糖浆的时候，她特意强调要听听糖浆"沸腾"的声音。她对观众说："你当然可以使用一个温度计，但我认为通过自己看、自己感觉，才能很好地积累经验。"

烹饪节目是早期电视台的一个主要部分，但没有一个烹饪节目与《法国大厨》有任何相似之处。大多数是纯报道式的，就像那种当地的广播电台采访某一位家庭经济学家或美食编辑的节目。詹姆斯·比尔德（James Beard）和狄奥那·卢卡斯（Dione Lucas），是在朱莉娅出现之前，业内最著名的两个美食专家，曾录制过他们自己的烹饪节目，但这两个专家也没有开发出观众想要看到的技能或人格魅力。他们的节目并没有在电视这个传播媒介上留下任何痕迹。到了20世纪60年代，烹饪已退居为白天播出的节目，被视为最适合头脑简单的家庭主妇打发时间的节目。真正能与朱莉娅匹敌的是那些观众所钟爱的人物，他们在电视机出现的头几十年间，在屏幕上瞬间留下了不可磨灭的印象。包括露西尔·博尔（Lucille Ball）、史提夫·艾伦（Steve Allen），还有密尔顿·伯利（Milton Berle）。然而，她仍然显得鹤立鸡群，因为她在屏幕上所做的一切，是前所未有的。她并没有塑造一个人物角色，也没有上演什么真正的娱乐戏码；最初的节目甚至没有提及她的名字，她主持的那半个小时的节目，旨在让她教大家做好吃的，而不是关注她自己。事实上，朱莉娅在前十年一直央求波士顿公共电视台请一些客座厨师来和她一起完成《法国大厨》这个节目，因为她认为观众接触到的老师越多，就能学习到更多的东西。（电视台没有答应她，一开始是因为这个节目纯粹是实验性的，再后来又因为这个节目深深地打上了朱莉娅的烙印。）尽管她的性格里深藏着谦虚，但在镜头前的她却发挥自如，也许是因为一旦她把注意力都集中在食物上，就全然忘记了摄像机的存在。她常常看着摄像机，突然轻轻一笑，那是因为她看到鲁思·洛克伍德手里举着一个傻瓜卡，上面写着"微笑"。通过这样一个刻意营造的、平淡无奇的媒介，朱莉娅几乎从一开始就是本色出场，并以此扬名。

然而，她同时也非常顾及自己的公众形象。保罗为《法国大厨》节目做了所有的平面摄影，而且尽量确保他所拍的朱莉娅是唯一出现在媒体上的照片。她不是那种符合传统审美的美人，也不是特别上镜，媒体的摄影师也不会像保罗这样精心做图片的后期编辑。他告诉他的兄弟："只要多出现几次不好看的图片，朱莉娅的整个形象就会被彻底毁了。"同样的，多年来她无数次地减肥，但很少会在公共场合里谈及，直到她职业生涯的后期。当记者总是问她在这么多诱人的食物面前是怎么控制体重的，她宁愿告诉记者，那仅仅是因为她和保罗随时密切关注着他们所摄入的卡路里而已。（但是她会对着一个老朋友抱怨道："太胖了！我真的是太胖了，你看看我的水桶腰，我的胸也快要把衣服撑破了，而且，最糟糕的是我真的买不到任何好看的衣服了。"）朱莉娅开始在电视上做节目几年之后，她买了第一顶假发。"这将在雨天里减少一大堆麻烦。"保罗解释道。在20世纪60年代末期，她做了第一次整容手术，美化了眼睛，在1971年的春天，她做了一个完整的瘦脸拉皮手术。在巴黎做完手术后，她直接回到他们在普罗旺斯的家里，在保持绝对隐私的情况下好好调理恢复。当她得知席卡在同一时间，也要来普罗旺斯小住一段时（席卡家就在朱莉娅家隔壁，席卡原本计划跟一个美国作家一起工作，要把自己写的食谱书翻译成英文），朱莉娅坚持说他们的翻译工作应该去其他地方完成，或者改期。"你忘了，我亲爱的，我现在是一个公众人物了，我现在这样的状况，是绝对不能让任何一个记者或作家以任何方式知道的。"她写信给席卡说，"我很抱歉，让你为难，但你必须理解问题所在！"除了保罗，席卡和鲁思·洛克伍德，谁都不知道这次瘦脸拉皮手术。"我的小秘密，"朱莉娅说，"人们认为我看起来不错，是因为我休息够了。"她回家后写信给席卡："艾维斯对我说：'你的皮肤看起来很好，还有你的脸……'我赶紧打断她，说是自从上电视以来我学会了更好地化妆。一开始我以为也不太明显，就做了脖子、下巴两侧的小泡袋，还有凹陷的双颊的手术。直到突然有一天我照镜子，我才意识到自己没有了火鸡脖子！没有赘肉！"她在1977年又一次做了整形手术，然后在1989年再次做了一次。

但除了简单的脸和身材，整体形象是一个更大的范畴。《法国大厨》成为当地轰动一时的节目后不久，朱莉娅开始接到邀请，她会出现在一个百货商店，并在那里展示她的烹饪技术吗？她会不会出现在一个慈善捐款晚会？她是否认可某一个产品？她是否会在节目里使用某个厨具？她会为某家餐厅做广告吗？她很早就提出了一个规则：除了慈善事业以外，对任何事情都说不。"我只是不想以任何方式与商业接轨（除了用有尊严的方式售书），我不想把自己变成任何人的财产，到处奔波。"她告诉科什兰，"这个底线有时看起来不是那么清晰，但我清楚地知道我的底线在哪儿。"不论何时，只要她外出接活去做一场烹饪示范，或在特殊场合出现一下，她会把得到的所有费用都捐给波士顿公共电视台。如果有观众写信问她在哪里买的打蛋器，或是她用什么牌子的朗姆酒，她会回信告诉观众，但是她从来没有在公众场合提到过任何一个品牌的名字。要感谢她的书的成功，以及继承了家业，她和保罗不需要挣这样的钱，她经常说，她能够拒绝这样的赚钱机会是多么幸运。但她坚持这样的立场，也另有原因。商业代言有失颜面，降低身份：它们玷污了厨师的声誉。詹姆斯·比尔德做了许多食品企业的代言人，他总是说他需要钱，朱莉娅觉得结果就是他在行业内的地位受损。观众清楚地知道受人钱财所说的话和无拘无束的言论的区别；因为她站在正确的一边，他们爱戴她，她不打算损毁她的"最纯粹的非商业形象"而让他们失望。

必要时会有律师的帮助，朱莉娅在她整个职业生涯中，都没有在她的名字上留下任何商业的污点。但她公众形象的某些其他方面却把她绊倒了,通常是在电视节目里。虽然她对自己的外表以及怎么教人做饭都一丝不苟,但是只要是在与食物打交道,朱莉娅就会特别舒坦自在,所以在电视台的厨房里她也会表现得好像在自己家里一样。她把沥水篮放到一边去,然后忘了放在哪儿;她会到处找一把搅拌叉;有一次又找不到一口砂锅;还有一次她扯起一大团纸巾,边擦脸边解释:"这里有这么多的炉子都开着,我实在是太热了。"不论她多么好地计划了一集节目,现实总是能像打破一个生鸡蛋那样易如反掌地制造破坏。朱莉娅能够平静面对危机的本领是令人目眩的——她慢悠悠地给粘在锅底的土豆重新造型;她经受住了藏在她上衣里的麦克风引发的一系列的微小电击(她焦急地摆弄了几下麦克风,但从未停止手头上的教学),随着一声巨响而掉落下来的勺架,她也只是顺手推开;她没有抓稳的一个刮板飞了出去,她完全漠视;看到圣诞原木上一根糖霜做的小"树枝"掉了下来,她只是说道:"嗯,我想在森林里也会发生这样的事吧,这些东西待在同一个地方太久了,它们也开始体力不支了。"有一次她烤好一个法式苹果挞,脱模的时候整个馅饼坍塌了,留下一堆苹果,馅饼皮滑落到一边,她只是说:"哦,是有点松。但我还是要告诉你,这不会造成太大影响,因为反正最后都要嚼碎了吃下肚的。"她迅速地把苹果铲起来放回到饼皮上面,然后端着这个凌乱的馅饼,连着当天早些时候彩排时完美地脱模的另外一个法式苹果挞走进餐厅。"现在每个人都可以尝一下这两个馅饼。"她一边切馅饼一边说,语调轻松,听起来就像一个化学老师展示了一个理想结果的实验。"你看,搞好了。我觉得这个看起来有点乱的馅饼,实际上吃起来可能更有趣。"

一天,朱莉娅录制了一集节目,用土豆做了四种不同的菜式,她站在灶炉旁,炉子上的锅里是一大块土豆泥饼,她等了半天,土豆泥饼的底上还没有焦黄,她稍显不耐烦。看了一眼锅里,她略显怀疑地摇了摇锅,然后决定不管那么多了,还是要把土豆泥饼翻个面。很显然她也在试运气。接着大家听到她说:"当你要把锅里的任何东西翻个面的时候,你需要有信念,有勇气,特别是如果它会散乱成这样的时候。"她迅速、熟练地把锅一抬,土豆饼升到空中后散成两半,其中一半洒在炉子上碎了。"好吧,不那么顺利。"她发现了。"你看,当我把它翻面时,我没有像我本来应该的那样鼓足勇气充满信心地去翻面。"她迅速把散落在外面的饼捡起来重新放回锅里。"你总能把它捡起来。"她边做边说,"反正你自己一个人在厨房,谁会看到呢?但是,你要学习如何翻面唯一的方法,就是要去确确实实地动手去翻,去多做。"

"反正你自己一个人在厨房,谁会看到呢?"这个意外事件后来成为一个传奇,然后在大家不断猜测、更改了无数次之后,事件的真相已经消失了。人们说,朱莉娅失手掉了一只鸡、朱莉娅失手掉了两只鸡、掉了一只火鸡,那是一只十二公斤重的火鸡!其实是掉了一头猪、一只鸭……每一种情况下,这些食物都愉快地回到盛它们的盘子里,所有这些都是幻想,但人们总是津津乐道。人们还记得看到朱莉娅把一些葡萄酒倒进一道菜里,然后自己喝完了瓶子里剩下的葡萄酒,说道:"这也是作为厨师的一个回报。"实际上,那次她是在教大家怎么榨番茄汁,然后喝光了所有的番茄汁,但人们的记忆更倾向于说是葡萄酒。《星期六晚报》(*Saturday Evening Post*)的刘易斯·拉普汉姆(Lewis Lapham)这样写道:"她有时会忘记给汤里放调料;有一次她把一只火鸡扔进水槽里,"随后又补充道,"在纽约的格林尼治村……一群先锋派的画家和音乐家每个星期都会聚集在一个阁楼上观看《法国大厨》,证明蔡尔德夫人比任何专业的喜剧演员都更加有趣。"《泰晤士报》里的一篇文章大肆渲染她"稀里糊涂还若无其事";《电视指南》报道她"跌跌撞撞、咕哝着说话和低声嘟囔"。"现在几乎每一篇关于朱莉娅的报道都把焦点集中在她如何出丑,而不是专注于她是一个女人、厨师、专家或革新者。"保罗向他的兄弟抱怨道。朱莉娅并没有打算在厨房里玩杂耍,但是那样的一个形象正在逐渐形成——虽然事实是她所具备的效率和能力,才令她的烹饪电视节目独具一格,所谓瑕不掩瑜。

阅读观众来信和新闻报道,朱莉娅可以发现,她自然而然做到的非正式和幽默感,正是她想要这个节目呈现的:消除大家因为对法国烹饪不熟悉而产生的"高难"印象的迷雾。因此她愿意为这个节目增添一些娱乐方面的元素,特别是在每集开场白的部分——比如她扒开一团乱麻似的大堆海藻挖出一只十公斤重的龙虾,还有她把六只宰杀好的鸡排列得跟合唱团一样,站在它们面前喊道:"各位观众,朱莉娅·蔡尔德为您带来小鸡姐妹!煮肉鸡小姐!油炸鸡小姐!烤鸡小姐!童子鸡先生!炖鸡小姐!以及老母鸡夫人!"但她对于是否加入这样的洋相花絮也拿不定主意。它们可以是无与伦比的教学工具:因为每个厨师都会遭遇意外事故,而且朱莉娅知道,看着马铃薯粘在锅底,然后补救并恢复原样,这样的画面往往比按部就班的普通课程更令人难忘。"这很可能会发生在你自己身上。"她总是一边补救一边这样告诉观众。但她讨厌在公众场合犯错误。不拘一格是一回事,糟蹋食物绝对是另一码事。她不想被视作一个笨手笨脚的小丑;她希望被看作一个好的、专业的厨师。当倒霉的初学者写信给她讨教时,这样的信件数量很多,她甚至写了一封标准回复信件,她的回信充满了同情和鼓励,但从不承认自己也犯过同样的错误。"初学者厨师,往往会有很多真实的失败的故事,熟能生巧、好事多磨嘛。"她这样告诉他们。"每次我做缝纫或织毛衣都会变成一场灾难。我真的认为最好的办法就是参加一些烹饪课……厨师是练习出来的,生来就会的是天才,而只要有正确的指导你就可以学会烹饪——尤其是如果你有幸与一个爱吃美食的人结婚的话,他将永远激励你动手实践。"这当然是在说她自己的故事,除了她没有提及的,那些早期的苦恼和折磨。

"鼓足信心和勇气(Bon courage)!"她在失败的土豆饼那一集节目结束时告诉观众们。经过一次明显的与法国面包的较量之后,她又一次说:"要有勇气!有信心！"有一次特别伤脑筋，她要用焦糖做一个带花边的"笼子"放在一个蛋糕上面做装饰，她演示完了整个制作过程之后，没有试图掩饰这对于她来说也是一个极大的挑战：她告诉观众，如果注定要失败，那就再试一次。"烹饪就是一个接一个的失败，这也是你可以最终学会的唯一途径。"她一边搅拌焦糖一边告诉观众，"我们要学习法国人所说的'我不在乎会发生什么'——即使天塌下来我也不管，煎蛋饼要是掉在炉子上了，我就好好学习下次怎么做得更好。"这都是她从自己的失败中积累起来的主要经验，在她学会做饭很久以后，也还坚持不懈地练习。她圣诞节的时候去拜访了一些朋友，烤火鸡的时候，她弄错了时间，结果搞砸了烤火鸡大餐，紧接着她在1953年给艾维斯的信里这样写道："我必须说，我发现自己经常处于尴尬境地，人们宣扬我是饮食方面的最高权威，而我却经常搞砸了、出洋相。"第二年她又做了一只火鸡，加了松露，给火鸡肚子里填了馅料，然后又烤过头了。烤菊苣也烤焦了，她差点忘了做沙拉酱，餐后的咖啡也弄晚了。"真是可怜，令人郁闷，这样的完败真是天大的打击，难道不是吗？"差不多十年之后，作为《精通法国菜的烹饪艺术》的作者，已经是名人的她生活在剑桥，做了一餐招待她的新朋友詹姆斯·比尔德，她告诉席卡："那天我做出了我生命中最糟糕的一顿晚餐。"精心准备的干贝小牛肉，用了白兰地、马德拉白葡萄酒和松露，做出来却毫无味道，而且她完全不知道问题出在哪里；西蓝花做得半生不熟，连炒土豆也没有炒熟，还有巧克力蛋糕的味道也很糟糕。（她还提醒席卡："千万不要用'烘焙师'那个牌子的无糖巧克力！"）而比尔德似乎并不介意这些，他随后很快就邀请朱莉娅去他在纽约的学校里教烹饪。

跟朋友们一起吃饭的时候犯错误已经够糟糕的了，但当朱莉娅在电视节目里失手的时候，那一刻被永远地记录下来，并且被不断地重播。她知道观众们会容忍这样的小失误，但是她渴望自己能够更好地控制烹饪过程，渴望能表现得更出色。"如果我们有更多的钱，就能够重拍或者在后期编辑的时候加上时间差，隐去这些失误，而且也不用吹嘘这是一个现场直播。"她告诉鲁思·洛克伍德。《法国大厨》一直没有达到这一水平，部分原因是因为摄制组想要保持这种风格，不希望做得过于华而不实，虽然随着后期彩色电视机的出现和一个新的厨房工作室的添置，这个节目看起来比1972年最后录制的一集已经好太多了。接着又推出了两个系列的节目——"朱莉娅和她的朋友"以及"朱莉娅和她更多的朋友",朱莉娅终于可以更接近她喜欢的形象了。后来的这些节目,因为有更多的预算和更新的技术,可以在一个更加明亮、别致的厨房里拍摄,那里光亮如新,丝毫没有一个家庭厨房的踪迹,而朱莉娅自己似乎也陶醉在这样刻意营造的光鲜之中。也许是因为重新拍摄最终成为可能,这令她更轻松,她再也没有看起来像是永远急于说出下一句话那样去赶时间。她也情绪高昂地与食物保持着前所未有的关系——摇匀一锅黄瓜,把一个面团摔在工作台上,仔细欣赏一条巨大的鲛鳒鱼的牙齿,一边从一个罐头里倒出鸡汤,一边说道:"这是我自制的鸡汤。"但如果一贯标志着《法国大厨》这个节目的紧张和焦虑消失了,出现了可喜的迹象,那么不可预知的、不遵循常规的东西则变成了对于女主角能力的考验。

没有人能解释为什么,"朱莉娅和她的朋友"系列节目在刚播出时并没有产生太大的影响。波士顿公共电视台之后承认,他们对此所做的推广不够,而且他们也分散精力去做"朱莉娅和她更多的朋友"的发行,而后者直到进入重播阶段,在纽约根本都没人看到。朱莉娅当时已经作为大家熟悉的身影出现在电视屏幕上超过了十五年,她被视为国宝,当评论家和她的很多粉丝都对新节目表示很满意,并且节目一直在重播的时候,这些新节目得到的评分和曝光也远远不及《法国大厨》。"我很清楚地明白,一个人总有过时的时候,如果你跟不上形势了,最好知道什么时候该放手,并安静地走开。"早在几年前,她已经预见到《法国大厨》大势已去,就已有了这样的认知。"不过,眼下我肯定会铆足了劲坚持下去。"她仍然精力充沛,但是"朱莉娅和她的朋友"的经验说服了她,如果她想继续在电视节目这一行走下去,她必须走一条不同的道路。和任何艺术家一样,她对未来更感兴趣,而不是沉湎在旧时的荣耀里。在 1980 年,她结束了与波士顿公共电视台的合作,与"早安美国"(Good Morning America)开始了一份长期合作,也是她第一次正式与商业电视合作。每次两分半钟的烹饪片段大受欢迎,她喜欢这种效率极高的模式,以及它带来的大量新观众群。到了 1983 年,开始录制她的下一个公共电视台系列剧集的时候,她已经建立了自己的制片公司,这意味着她比以往任何时候都可以对自己的节目有着更多的掌控力。她仍然认为自己首先是一个老师,但她确信如果要把消息更好地传达出去,她还需要把自己包装得更加光彩夺目一些。

新系列剧集的概念,是她与导演罗斯·莫拉什一起探讨出来的,他们不打算再做烹饪教学节目,而是做成电视杂志,而且要看上去炫目高贵,展示上流社会的生活方式。朱莉娅也会做少许烹饪,但她还将寻访渔场、农场、奶酪生产者和葡萄酒庄园,她会与客座厨师聊天,每一集都会以她带领各种客人到一个豪华的宴会而结束。拍摄的基地将会是圣巴巴拉附近一个占地十万平方米的农场。每一集的制作,都会有专业的发型师、化妆师和服装师为朱莉娅服务。波士顿公共电视台和朱莉娅自己的公司作为联合制片,新系列剧集,用她的业务经理的话来说,"是朱莉娅的个人秀"。

《与朱莉娅共进晚餐》(*Dinner at Julia's*)节目是一场灾难,是她漫长的职业生涯中唯一一次真正的尴尬。朱莉娅看起来非常可笑,她的头发太过卷曲,她的浓妆化得非常俗艳,她穿着松散的长袍和睡衣,有一次抓了一条牛仔裤、一件背心套上,戴了一顶宽边高顶帽就去烧烤。尽管她并没有觉得有任何拘束,但她在长时间地面对摄像机时,几乎没有什么实质性的东西可以做。当她站在那里听一个酿酒专家或巧克力制作者描述各种产品是如何做出来的,她看起来好像是一个纸板复制品,好像是一种外星生物,以朱莉娅·蔡尔德的样子象征性地存在于那里。随着食物的出现,像往常一样,她得以复活。但节目里的烹饪部分,被设计为只需快速地展示一下准备食材的过程,而不是一个完整的食谱。在屏幕上展现的任何事情都是死气沉沉、僵硬呆板的,"自然"本身早已被驱逐得无影无踪。在拍摄采蘑菇那一集里,连那些鸡油菌也是在摄像机镜头开机之前,好似为了摆拍一个镜头,被剧组人员小心地用手塞进土里去的。富丽堂皇的豪宅、停在门口的劳斯莱斯,特意安排到宴会出场的那些假扮的各方来宾,他们伪装出快乐的样子——那是一个令人痛苦不堪的场面,朱莉娅的粉丝们震惊了。媒体的评论令人伤心,更糟的是观众来信。"看到我们亲爱的、充满生机的这位杰出的女士要穿着牛仔服、穿着靴子蹒跚地穿梭在那些表情木讷的客人当中,最重要的是,看到她原本朴实大方的节目,要加上贝弗利山的元素,那些排场、服务员,无端地对那些餐厅和葡萄种植者、奶酪工厂的报道,各种诸如此类的,哦,真是糟糕透了!""我想念我的老朋友朱莉娅。""我们希望你平易近人。""你怎么可以这样!"

朱莉娅从没有道歉,就像当初她不得不端出一份塌陷得平平的舒芙蕾的时候,她也没有道歉。当一个记者问及她对于这样的覆灭有何感想时,她只会说:"我们做那些节目的时候,非常开心。"但十年之后,她又带着一个新的系列剧集回到了电视屏幕,这一次,她作为旁观者留在了场外。《与大厨同烹饪》(*Cooking With Master Chefs*)这个节目精选了十六位厨师在他们自己家的厨房里做菜,朱莉娅希望这个系列剧可以被称为"烹饪杰作",她只是为每一集节目做了个介绍。关于这个节目,人们唯一的抱怨是,他们希望更多地看到朱莉娅的参与。从那之后,她总是与她的客人一起出现在屏幕上,当他们做菜时,她是一个风度翩翩的对话者。最后三个系列的剧集,包括"在家里与大厨同做饭"(Cooking at Home with Master Chefs)、"跟朱莉娅学烘焙"(Baking with Julia),以及她和雅克·贝潘(Jacques Pepin)的双人戏——"在家做饭"(Julia and Jacques:Cooking at Home)都是在欧文街103号的厨房里拍摄完成的。这是一个正确的模式:老粉丝们很满意,新粉丝们也开始沉迷,然后《与朱莉娅共进晚餐》节目逐渐淡出了公众的记忆。

回到1942年，当时的朱莉娅隶属于一个志愿者团队，他们负责侦察加利福尼亚南部的天空以发现敌人的飞机。当地报纸上的一则报道里指出，团队人员习惯互称"某某先生"或"某某夫人"，"只有一个例外——'朱莉娅·麦克威廉姆斯'每个人都叫她'朱莉娅'"。几十年后，人们仍然称呼她为朱莉娅。不论是本人或是在屏幕上，她的整体形象都让人感到熟悉，障碍消失了，仿佛她就是一个老朋友。他们还生活在巴黎时，保罗对一个现象感到大为惊奇，他目睹了一次又一次：他称之为"被朱莉娅化了的人"（la Julification des gens）——"朱莉娅化了的大家"。她总有办法把人催眠，他曾经说："然后他们就像阳光下的花朵那般绽放。"没有谁会对她的感染无动于衷：那些堆积如山的来信有一个贯穿始终的主题，那就是人们纯粹的感激之情。"谢谢你这么令人欢欣。""非常感谢你带来了那么多的快乐。"或者，像一个十三岁的孩子写的："我不知道为什么，每当我看到你，你就会让我感觉很舒服。"尽管她在自己的形象上面付出了很大的努力，可到最后，形象都已经是无关紧要的了。"你实在是太真实了，我觉得好像我认识你一样。"一位粉丝这样写道。他们确实真正完全地认识她。

第五章 真正的男人

朱莉娅深爱保罗,她也爱他们的婚姻,对她来说,这样的婚姻是生命的最高形式。"我们是一个团队,"她常说,"我们会一起做每一件事。"作为团队的一员,是她最喜欢的工作方式——她总是把跟她的电视节目有关的其他厨师和技术人员都亲切地称呼为她的"团队",或者是制作食谱书的编辑和艺术家们的"团队",团队的核心人物就是朱莉娅和保罗。每当谈到她的事业时,她都会用"我们"而不是"我",而且她真心是这样想的。保罗参加了所有的商务会议并参与了所有的决策,帮助她为了电视节目而修改食谱。他也跟她一起搬运设备、洗盘子、拍照、设计和制作图形,还跟她一起削皮、切菜、炒菜、跑腿、读邮件,并帮忙回信,为她所有的书撰写扉页,陪她到处宣传演讲,在签名售书会上坐在她身旁。在她接受的大部分媒体采访里,他也参与了一部分,不仅提供了葡萄酒方面的专业知识,在实验做法式面包的时候,还帮她烤了无数个长棍……总的来说,在所有的场合,不论是职业方面的还是社交场合,他都会陪在她身边。但他也是非常独立的。当她不需要他的时候,例如当朱莉娅和席卡在厨房里工作的时候,或是朱莉娅和鲁思·洛克伍德一起排练的时候,他会愉快地消失,到自己的世界里做自己的事情：绘画、摄影或园艺。在所有名人那些有用的、恩爱的、没有一丝怨意的配偶名单里，他是为数不多的丈夫之一。

对于与一个强大、独立的女性一起生活，保罗没有任何反感或疑虑。他的母亲是位歌唱家，却不得不为谋生而工作；他生命里的第一个挚爱，伊迪丝·肯尼迪，是一个比他年长二十多岁的单身母亲，他经常被她在剑桥市举办的各种沙龙吸引，继而成为忠实的追随者。当他遇到朱莉娅时，她还没有这些荣耀，当然，她个子比他更高，而且更擅长与人打交道。与一个身材比他"魁梧"、人格魅力比他强的女人结婚这件事，从未困扰过保罗，他也为朱莉娅给予他的一切而深深地感激。他知道自己有一丝牢骚，那就是他本倾向于独来独往，而朱莉娅温暖了他、软化了他。"我不断地意识到我能和她一起生活是多么的好运，"他在1953年从巴黎寄给他兄弟的信中写道，"我都不愿意想象，如果没有朱莉娅的出现，我会变成一个什么样的酸溜溜的老恶棍。"偶尔，当录制完一集《法国大厨》之后，当观众们崇拜地拥挤在朱莉娅周围，而保罗去收拾脏盘子的时候，他会回想起他们在国外为国家服役的日子。在法国时，人们会介绍："这位是蔡尔德先生，美国文化专员！"几分钟后又说："哦对了，这位是蔡尔德夫人。"他非常享受现在这个逆转，他告诉他的兄弟："我觉得老天爷以此帮我找到了一种平衡。"

人们很少关注他的艺术，他的诗歌总是被杂志社退稿，还有，他大部分得以发表的照片都是关于朱莉娅的，所有这些，都没有困扰到他。当朱莉娅在一个签售会上被众星捧月的时候，他只能呆站一旁无所事事，但是他觉得在现场就是一种自己力所能及的支持。他解释说："我的存在表明朱莉娅是名花有主了的，而不是独自一人。我记得伊迪丝有多么可怕的经历。不断有男人利用她图财图色。我的计划是绝不让朱莉娅在没有我的陪同下出现在任何公众场合。"对保罗来说，自告奋勇地去保护一个巨人，还能感受到作为"护花使者"的满足感，就说明他对这场婚姻充满信心。他称她为"小朱莉"或"我的小妻"，他制作了那些他们每年代替圣诞贺卡寄给亲友们的诙谐、充满爱意的情人节贺卡（有一张上面写着"希望你也能和我们在一起"的图片是保罗和朱莉娅一起在洗泡泡浴），他把她视为这个世界上最非凡的、令人愉快的人。每天早上闹钟响过之后，他们喜欢一起在床上依偎半个小时，在一天结束的时候，保罗会在朱莉娅做晚饭的时候给她大声念《纽约客》杂志。"我们没有一刻不在一起。"保罗有一次心满意足地说道。有一天晚饭后,盘子都已经洗净了,朱莉娅待在厨房里,临时兴起做了一些蓝莓麦芬蛋糕。蛋糕新鲜出炉时,保罗开了一瓶陈酿凯歌香槟,庆祝那个夜晚。是为了庆祝什么特殊节日吗?庆祝生活本身。或者像保罗解释的那样:"庆祝冰镇香槟和热乎乎的蓝莓松饼!"

保罗是他那一代当中极其少数的一类男人,他觉得女人有自己的事业也是自然的,甚至是令人钦佩的。他绝不会反对妻子有工作热情,哪怕她只是从上烹饪学校开始,到教人做饭,到一发不可收地写书,最后到全国性的电视节目。不过在欧洲的那些年里,他俩都理所当然地认为保罗的工作是首要的。作为一对驻外工作的夫妇,他们需要参加大量的社交和娱乐活动,朱莉娅在很大程度上积极参与。更重要的是,至少从朱莉娅的观点来看,保罗工作得非常努力,确实需要她尽可能地给予精神上和生活上的一切支持。这在他们结婚的头几年对她来说没问题,她唯一的责任就是做好保罗·蔡尔德的太太,她非常珍惜那个角色,尤其是当他们刚刚在巴黎进入新的环境、开启新的生活的时候。"我丈夫要回家吃午饭,"她告诉艾维斯,"我喜欢他回来吃饭!"但随着时间的推移,当她开始深入参与食谱书的项目,她就不太喜欢经常被拉去参与领事馆的活动:跟大使的妻子一起喝茶;还有保罗偶尔出差,他讨厌旅行没有她,她不想让他不高兴,所以她经常撇下需要她处理的摆满了鸡蛋或蘑菇的厨房,陪他去出差。"我的第一份工作是为妻之道。"她无可奈何地说,他们搬到了马赛之后,保罗立即就被安排了一次非朱莉娅所愿的出差旅行。当她觉得无法忍受要抛开做书的事情不管时,她会打发他一个人去,并为此感到非常内疚。"如果我尽可能地按照我的想法去工作的话,我想我们很快就要离婚了,我很害怕。"她告诉席卡,夸大了离婚的可能性,而不是令她痛苦的冲突感。虽然当他们要离开法国去德国的时候她不是太开心,但她至少喜欢这份新任务的一个方面。"保罗不需要回家来吃午饭了,我几乎可以一整天地工作,"她给艾维斯汇报道,"谢天谢地!"

虽然朱莉娅非常珍惜自己作为保罗妻子的身份,但要求她只是做保罗的助手而已,那是不可能的。就像虽然保罗对她的事业信心百倍,但他真正想要的是,他可以在任何时候都有朱莉娅的陪伴。事与愿违是她常常苦恼的根源。她一次次发誓要成为一个更加专注的外交官妻子，却发现自己内心深处还是对她的手稿牵肠挂肚——"我要写一本食谱书。"所以当保罗开始做他的退休计划时，他们决定，最适合他俩的，是在剑桥过一种安静的、相互陪伴的日子。保罗可以画画，朱莉娅可以教人做菜，或许每星期两次。如果这本书成功了，也许她可以成为杂志的美食专栏作家。保罗可能需要为她的文章拍摄照片。生活将会简单而和谐。接着就有了《法国大厨》的电视节目，当朱莉娅的新事业像一颗流星坠毁在他们的婚姻中心时，她的任何关于要把工作和家庭生活平衡的梦想，全部都破灭了。新角色的涌现缠住了他们——她是那个大明星，而他只是一个支持者——但他们决心保持朱莉娅所说的"一个好的婚姻就是有些许生活上、心灵里和灵魂里的纠缠不休"。她知道电视台的工作时间表是保罗很难接受的，因为他会错过一些音乐会、画廊的艺术展览，还有与朋友们的晚餐聚会，以及自己的追求所需要的时间。1965年，她拿到的版税使他们能够在离席卡不远的地方建一个小房子，他们经常跑到那里去过几天温暖舒适、压力没那么大的日常生活。他们的婚姻如此成功的真正原因，是因为他们想出了一个非常传统的方法,虽然有他们自己的迂回安排:保罗和朱莉娅达成协议,他们只过一种生活,那就是朱莉娅的生活。

尽管有这样的安排,或许正是因为这样的安排,当朱莉娅有时声称她忠于传统的性别角色分配时,即使是那些记者也没有被说服。"我觉得一个女人最好的角色是跟一个好男人结婚,并享受家庭生活。"朱莉娅在1966年对《纽约时报》这样说,"她必须有与外界的联系,保持自己的机敏,但我想不出还有什么比好好操持家务更加适合一个女人的。"——她称之为"简化"了的观点——当然从朱莉娅的欲望、信念或经验来说,这种说法完全站不住脚。除了做饭,做家务使她厌烦,在加州帕萨迪纳市她看到有些太太整天在院子里打桥牌的时候,她彻底震惊了。尽管她强烈地认可自己的妻子身份,只是她几乎没有注意到,在他们婚姻里,是保罗在扮演这个角色。而且那一次采访正值妇女运动高涨。朱莉娅担心烹饪可能会被妇女们抛弃,尤其是像她提倡的这种,劳动密集、强度大的烹饪方法。贝蒂·弗里丹(Betty Friedan)早已在《女性的奥秘》(*The Feminine Mystique*)里明确表示,女性对世界负有责任,她们的责任不只是在厨房。

朱莉娅没有反驳，但她想确保厨房也能得到应有的时间和尊重。她意识到她还面临着一些家庭主妇带来的问题：她的食谱看似很难，特别是印刷成书后，而她自己大部分的收入是靠书的销售，而不是名义上那些公共电视台的收入。把自己与普通的家庭生活联系在一起，是她要树立的形象的一个重要方面。在随后几年的采访中，她坚定地支持妇女发展职业生涯，并大力支持妇女的堕胎权，但她始终坚持说她不是一个女权主义者。她说："我只是认为女性应该被当作人来对待。"女权主义者也这么认为，但不管是什么样的阵营，朱莉娅在本质上不可能是一个追随者。

即使她所宣告的观点——操持家务最重要——有一丝虚假，她对婚姻的信仰则毫不掺假：这是她生命的一个核心信念。朱莉娅在结婚时改变的不仅仅是她的姓：她改变了自己的身份，从一个独立的人变成一对夫妻的一半。她是"保罗和朱莉娅"里面的朱莉娅，从根本上是一个不完整的自己，是一份拼图上的一部分而已。当她终为人妻时，她开始以"朱莉娅·蔡尔德"的角度看世界。那些属于巴黎的人，男人们和女人们，他们一起共同经历着生活，就像他们一起顺流而上，到达生命的方舟。

因为这个原因,她觉得同性恋比较怪异——这不是道德范畴的问题,当然也不是一种罪,而是一种不和谐,破坏了事物的自然秩序。"同性恋恐惧症"是20世纪中期在美国社会被广为接受的一种偏见,朱莉娅和保罗多年来一直置身其中而毫不感到一丝羞愧。她经常使用"pedal"(脚踏板)这个词,法语里描述同性恋的俚语,说的时候不乏傲慢、怜悯和反对。她写信给席卡:"我去伊丽莎白·雅顿发廊做了个发型,发型师还是以前帮我做过头发的同性恋(我多么希望在美国所有我们这个行业的男人都没有同性恋)。"她描述男性时装设计师是"一群娘娘腔",烹饪学校是"培养同性恋毒蛇的窝",波士顿的一场宴会被她形容为"在居住着三个同性恋男人的昂贵的房子里……我们感到绝望,适时地、体面地离开了。"她说旧金山是个美丽的城市,但是有太多同性恋人群——"看起来,旧金山是他们最喜欢的城市!虽然他们都是些才华横溢的人,但我厌烦他们。"跟同性恋相反的,用她的术语来说,是"正常"或"肌肉男"或"非常阳刚",抑或,正如她常说的:"真正的男人。"女同性恋对她来说稍微好些,但她觉得那些"性麻木"的女性不被男人吸引是很可怜的。她说:"肯定不好玩。"

很显然，朱莉娅似乎从来没有觉得她谈论同性恋者的方式，与她父亲谈论犹太人、黑人、外国人、知识分子和艺术家时是如出一辙的。在成年后的生活里，她厌烦透了父亲的各种偏见，尤其因为他那么蔑视保罗，因为保罗在好几个范畴里都表现出了人性化和仁慈，这些都是朱莉娅的父亲约翰·麦克威廉姆斯所鄙视的。她父亲这些令人生厌的信念和言论使保罗陷入一种愤怒，最终保罗决定不再陪她去帕萨迪纳探亲了。她也对父亲的固执己见深恶痛绝，而她自己的固执仍然是一个盲点。在麦卡锡时代——她的自由主义是那段时间锻造出来的，大部分是出于纯粹的愤怒——保罗因为被怀疑是一个共产主义者以及一个同性恋，而从德国被传唤到了华盛顿。他被审讯了一整天，最终澄清了真相。（第一次指控的唯一证据是他认识几个政治倾向可疑且正在接受调查的人。至于所谓的同性恋罪行，最好的证据似乎是他已婚的这一事实。审讯他的人说，许多同性恋者都已婚并有了孩子。）保罗对于这样的指责失声大笑，朱莉娅告诉艾维斯这个事件的时候也是大笑不止。"同性恋。呵呵。他们为什么不问问他的妻子呢？"朱莉娅当时已经意识到被她视为邪恶化身的参议员麦卡锡，正在用同性恋的幽灵作为致命武器，却没有在她自己的良心上拉响任何警报。

尽管她存有偏见，然而当她遇到外表和肢体语言是她所谓的"正常"的同性恋者时，她的大部分反对情绪也就蒸发了。她真正不喜欢的，是柔弱的男人——她看到有一个讽刺漫画中表明了那些柔弱的男人是如何唾弃朱莉娅所珍视的男女差异和礼仪的。"天啊，我讨厌做一个寡妇！"当保罗被传唤离开德国去接受调查的时候，她这样告诉艾维斯，"我终于不得不承认，如果我是一个真正的寡妇，我很可能会走上街头去抗议游行。没有男性是不完美的，不仅是男性的身体，还有男性的精神。我只能说，感谢上帝，创造了两种性别。"朱莉娅的整个存在，是由男性激起的：他们是她的世界观的中心，他们的存在给她所有的事业带来了能量、权威和尊严。一场社交聚会或专业活动如果是围绕着女性来设计的，会冒犯到她。"我讨厌一大堆的女人。"她直截了当地这样说过很多次，一次也没有道歉。她确信不论是什么事件，如果只是为了女性而办，就会像《纽约客》里海伦·荷金森（Helen Hokinson）的漫画描述的那样：一群傻兮兮的俱乐部女会员对她们的议程举棋不定。作为一个驻外外交官的妻子，当然，她会被邀请到无数的女士午餐会和茶会,那些聚会令她感觉无聊透顶,尤其是她还有食谱书的手稿在家里等待她回去完成。"我完全不能忍受那样浪费任何一天,"在花了一个下午跟好多女性周旋之后,她告诉席卡,"如果要说说我讨厌的事情的话,那就是女人们的茶会。"她唯一赞赏的一个女性活动是"美食家"的聚会,因为大家都在忙着做饭和吃饭这样的重要工作。否则,要她与一屋子的女性待在一起,"叽叽喳喳……好像是身处一个鸡窝里",是她一成不变的评价。1973年,她作为十多个被评为"世纪杰出女性"的一员,出席了一场丰盛的晚宴,与莉莉安·海尔曼(Lillian Hellman)、玛利亚·曼尼斯(Marya Mannes)、路易斯·内维尔森(Louise Nevelson)和宝莲·特锐格(Pauline Trigere)以及其他名媛畅谈整晚。她稍后评论说,那个晚上不错,但主办方应该邀请一些男士。她说,整个活动缺少了一些火花。

毫无意外,当那些不让女性入内的俱乐部和餐馆,在来自女权主义者的压力下开始改变他们的政策时,朱莉娅站在了男人的一边。"我非常反对新政策允许无人陪伴的妇女进入丽兹酒店的扒房。"波士顿有一家清一色男性会员的圣·博托尔夫(St. Botolph)俱乐部,她被邀请至此开一个讲座,她对来宾们说道:"女人们肯定会把扒房变成一个唠唠叨叨的鸡舍,那会让其他人敬而远之的。所以,坚持你们的立场,先生们。"

她长久以来的一个野心是吸引更多的男人来到食物世界。在法国,烹饪是高级艺术,男人无论实际上是否亲手实操,他们都是美食界的主宰:他们的言论、写作和享用就已经把美食塑造成了国民生活和家庭生活的中心。相比之下,在美国,烹饪的传统定义是女性应该专注的工作,因此完全不值得男性去关注。朱莉娅在法国花了很多年,试图从那些自封的或其他男性烹饪权威们那里赢得尊重,她遇到了两个障碍,无功而返:她是一个美国人,她是一个女人。但这一经历并没有把她变成一个烹饪女权主义者,甚至截然相反。她倾向于以法国人的方式看待男人:他们是天生的厨房里的大师,在炉灶旁边有着与生俱来的自信,科学和逻辑兼备,让他们能够顺利地准备好任何一餐。尽管大多数美国人不会做饭,她仍希望在美国的烹饪界里,男性的光环足以照亮整个业界。当威廉·莱斯(William Rice)在 1972 年被任命为《华盛顿邮报》的美食编辑时,她欢呼道:"我完全支持男性担任这些职位,可以立即把整个板块从无聊的家务范畴,提升为生活中最重要的事物!"收到男性粉丝的来信也给予她极大的满足感,她还时不时地向男性记者们强调,男人们总是可以做最好的厨师。

朱莉娅坚持她的节目必须在黄金时段播出,不仅是为了赢得威望,而且因为那个时间段有男性观众,让她的工作在她自己的眼里成为正当的。她经常说,白天的电视节目只会吸引家庭主妇——"她们不是我们的目标受众群。"当然,她的观众压倒性的,是女性,并且大部分都是家庭主妇,但当朱莉娅说"家庭主妇"时,她指的是那些不把食物和烹饪当回事的人。她清楚地知道,在这个意义上有无数的女人都不算"家庭主妇",然而,所有的"家庭主妇"都是女性。如果说美国的烹饪和饮食习惯有所改善的话,那都应该归功于男人们。"感谢上天让我们的电视观众里有男性,"她在1966年的时候这样说道,"他们肩负激发起烹饪兴趣的责任。女人们只会看完就忽略了。"当有人采访她,问她会对新婚厨娘说些什么,朱莉娅的建议是,想想男人们会喜欢吃什么。她继续说:"否则你整天只会将玉米片和罐装蘑菇混在一起,做成可怕的、黏糊糊的大杂烩。""男人们不喜欢那种东西,你做菜是为了给男人吃的。"然后她补充道,一定要买一把坚实的、高质量的刀具,"因为家庭主妇对于那些工具不甚了解，不幸的是，她们是拣好看的东西买。如果和她的丈夫一起去买的话，他绝对不会允许她买这种劣质的垃圾，也就是好看却不中用的刀。"朱莉娅认为，女性在厨房里太容易被惊吓了，如果食谱方子说要三汤匙柠檬汁而她们只有两汤匙时，她们就会惊慌失措。男人们却是无所畏惧的——她有一次曾经指出，事实上，男人们都习惯于恃强凌弱，她说，这样的特征在面对一个食谱的时候可能非常有用。

但当朱莉娅相信男人会对美国的家庭厨房产生某种好的影响时，他们在烹饪行业里不断增长的知名度是一个敏感的问题。是的，有才华的男厨师的加入，正是这个行业为了获得地位和声望所需要的。但是，有野心的年轻人，包括几个同性恋者，开始从事烹饪时，朱莉娅又担心他们很快会把这个行业的形象定义为一个让直男们不愿涉足的职业。"这就像芭蕾舞者里充满了同性恋，所以别的人也都不愿意去了。"她呼吁一些在美食圈里的亲密朋友要鼓励烹饪界的"去同性恋化"，但她承认她也不知道具体该如何实施，此外，那些"同性恋"也购买了大量的食谱书，包括她的。"我们到底该怎么办！"

最后，她对每一位有职业抱负，并与她结缘的天才厨师都给予了慷慨的支持——不论是男性还是女性,"正常"还是"不正常"。她深深地热爱"真正的男人",但她对好的烹饪更加欣赏,所以在这个层面上,她完全没有偏见。理查德·奥尔尼(Richard Olney),这个喜怒无常的美国人住在普罗旺斯的小山坡上,他杰出的烹饪甚至令法国人都惊叹无比。他是一个同性恋,他对朱莉娅和其他大部分人都并不是特别友好。但朱莉娅从来没有跟他计较过,还在他出版《简易法餐》(*Simple French Food*)的时候,为他举办了一个媒体晚会,并利用自己所有的关系帮他推广这本书,仅仅是因为他真的做得非常出色。她认识的另一个非常娴熟的男厨师"软嫩得像个女性一样,但令人愉悦":朱莉娅很少会称赞这种特质,这是一个难得的实例。虽然她在总体上来说与女性的活动保持着距离,但是对于烹饪行业里的性别歧视,她直言道:"你知道,直到我开始认真考虑时,才意识到我的领域对于妇女们是完全封闭的。她在1970年时告诉一个记者:'是绝对限制的,这很不公平。'女性都不能进入位于康涅狄格州纽黑文市的美国烹饪学院!那些大酒店、纽约高级餐馆,都不想要女性厨师。"她的话引起了该学院教导主任和女生训导员愤慨的来信,他们指出在学院的六百五十多名学生中，有至少十二个女生。("朱莉娅和她的好姐妹'女性解放运动拥护者'们，或许听到这个消息会很高兴，每个女生如果不急于结婚，在毕业时都至少会有五份好工作在等着她们。")到了1976年，烹饪学院搬到了纽约的海德公园，并在女性方面做了很多改善，朱莉娅同意在毕业典礼上发言。"我们终于发现，女人也是人，"她对观众说，"认识到这一点很有用。"在她自己的职业里，她是一个女权主义者，尽管她自己根本不会容忍任何威胁不让某人进入厨师世界的不公正待遇。朱莉娅资助了一项烹饪专业针对女学生的奖学金，鼓励她们给她写信介绍她们的进步，她还代表年轻女厨师们做了大量的疏通人脉的工作，并给了她们大量的建议和鼓励。在她的"大厨"节目里，她特意邀请了同等数量的男性和女性厨师；她还利用自己与媒体的关系，不懈地帮助她喜欢的食谱书作者。

朱莉娅对于性、性别和食物的纠结感，在她与詹姆斯·比尔德的友谊的温暖中放松了很多。在美国烹饪界她最爱、最赞赏的詹姆斯·比尔德，一个不避讳也不标榜自己取向的同性恋，早在朱莉娅刚刚开始她的职业生涯之时，就已被美国美食烹饪界的泰斗们广泛认可了。

当她、保罗和席卡去纽约参加《精通法国菜的烹饪艺术》的新书发布会时,比尔德邀请他们到他在格林尼治村的家里做客;朱莉娅很快找到了一个灵魂伴侣。他们表面看来并不是那么搭:比尔德的烹饪完全是自学的,并没有经过专业的训练;他擅长的是美国烹饪,而不是法餐;除了是一名同性恋者,他还非常胖,就男性身材的吸引力来说,他没有任何地方是可以吸引朱莉娅的。但他们之间建立了一种纽带,直到1985年比尔德去世。他们都是具有磁性的人,当彼此的磁场打开时,他们同时被对方牢牢地吸住了。他俩都是比较尖锐、风趣、不扭捏造作的人;他们对烹饪的感受也是一样的,都觉得烹饪的魅力无穷、极其引人入胜,变化也可以层出不穷;烹饪值得他们花费所有的时间和精力去探究,而且是他们能够想象得到的最大的乐趣。他们认识几个月之后,比尔德敦促朱莉娅考虑去他的学校教学并与他一起去巡游,以便他们可以做一些联合的示范讲座;而她又想让他来波士顿,与波士顿公共电视台的人会晤——或许他也可以参与她的新系列的剧集。"我很欢迎咱们一起谋事做的想法,"她告诉他,"我感到我们的精神世界极大地统一。"比尔德是朱莉娅制作的剧集"如何成为专业厨师""如何成名"

里面的模特。她永远不会忘记当初她在 1961 年刚出道的时候，对于她这样一个潜在的对手，比尔德是多么慷慨热情地欢迎她，并把她介绍给大家。"我认为他花费了很多精力，在烹饪界的朋友们之间已经形成了非常友好的风气，这和法国那群人互相诽谤诋毁、钩心斗角是多么不同。"朱莉娅告诉费雪，"詹姆斯是一个非常勤奋的人，有着庞大的知识结构，他脑子里储存了大量的知识。他表面上看起来有些虚张声势，但我认为这是因为他内心很温柔。"她过去曾说他是"令人舒服的"——这一点，被她视为一个男人最好的品质之一，也是她最看重的。

朱莉娅很少对比尔德的同性恋状态发表任何评论，她更关心与他体重相关的各种健康问题。然而在他们多年的友谊中，她的同性恋恐惧症来来去去，好像无法捉摸。"人们最终都出柜了是多好的事情啊！"当获悉一个熟人公开了自己是同性恋者之后，她在 1974 年的日记中这样写道，"这样就把很多事情简单化了。"一年后，她又被鼓动要让"他们"退出美食界。但到了 20 世纪 80 年代，艾滋病危机开始时，那些在她认识的人和所爱的人身上发生的事情构成的恐惧，对她造成了严重的打击，从而形成了长期的偏见。1988 年由"美国葡萄酒美食协会"

赞助的、在波士顿花园举行的一次艾滋病基金公益活动上，她对人群说道，"去年我丈夫和我在目睹了一个亲爱的朋友经历了几个月缓慢而可怕的痛苦时给予了他支持。但是那些孤独的人呢？那些贫困的人并没有朋友或家人可以帮助他们回避绵长的痛苦和缓慢的死亡！那些人正是今天晚上我们应该关心的人。食物也有非常特殊的重要意义，好的食物也传达着爱。"她的政治观点、她的激情和她基本的尊严都最终统一起来。那一事件过去一段时间之后，当一个女性朋友告诉她，她正深爱着另一名女子而且她们即将结婚的消息，朱莉娅的脸色稍微变了一秒钟，然后立即热情地向她祝贺。重要的是在一起。

第六章 我开始非常讨厌猕猴桃

朱莉娅一开始非常热衷于"全国牛肉烹饪比赛"的想法,那是一个由牛肉行业赞助的一年一度的烹饪大赛。1979年,她同意飞往奥马哈去做这个比赛的裁判。比赛中有四十九个不同的牛肉做的菜式,每一个参赛者都是州一级的获奖者,裁判们全都坐在一个封闭的餐厅里,每半个小时品尝和讨论两道菜,他们整整持续了两天。在第一天上午的10点45分,朱莉娅终于尝到了一个她喜欢的味道(希腊红烩牛肉加香草饼干),但这一天里其余的菜品令人失望。她尝了一道"锅烧牛肉"后,在她的评分表上这样写道:"好主意,差厨子。"虽然她蛮喜欢那道"粤式牛肉餐",但其他的裁判一个都不喜欢。第二天裁判们又满怀希望地开始了新一轮的尝试——多汁的牛肉墨西哥饼比萨很成功——但她略过了墨西哥牛肉丸子还有农夫布朗的极品牛排,没有留下任何评论。她决定整个比赛里的最佳菜品是"嘉年华薄饼煲":用混合了牛肉、罐装番茄酱、罐装奶油玉米和现成的墨西哥调味料做出来的玉米薄饼。一年之后,朱莉娅又来了,热情丝毫没有减退,但经过几轮的尝味之后,她开始失去耐心。她在"夏威夷炙牛排"那道菜的下面写了"如何毁掉一块好肉"。当读到"香辣多汁酿圆牛排"的菜谱方子时,她写道:"什么是牛肉香肠?""红料酒又是什么鬼?"一道又一道的菜完败:"罐头的味道""尝起来像过期的包装食品""根本就没有任何味道"……那一年"焗牛腩"赢得了头奖,只用了盐和胡椒、大蒜、洋葱、玉米淀粉和水做出来的。"这个尝起来才像食物!"朱莉娅表示很欣慰。

之后她再也没有去过那个烹饪比赛,但她也从来没有放弃。朱莉娅与美国食物有一种长期而复杂的关系,就像婚姻。她致力于把它发扬光大,也被它所吸引,但它的缺点、性格缺陷、任性的行为和令人遗憾的失败……总是在家门口迎接她。还好她的个性可以积极地消化坏消息,虽然不断地失望,她的信念仍然很强。如果墨西哥牛肉丸会构成对她信念的一种背叛,那么一块光秃秃的烤鱼配上一些没有煮熟的嫩蔬菜就是对她的另一种辜负,也许更糟。有时,对她来说,即使美国人正变得越来越精致,食物还是变得越来越不那么有吸引力了。"我开始非常讨厌猕猴桃和韭葱丝了。"1980年时她厌倦地说。但她还没有讨厌金枪鱼黑麦面包三明治,或者罐头咸牛肉土豆饼,或热狗,或巧克力冰激凌汽水。有一道参赛菜品很有趣,虽然她在刚看到时脸色煞白——那是一份烙饼包牛肉碎,上面点缀着一些草莓,最后还浇上枫糖浆,她还是尽职尽责但勉为其难地尝了一口。然后她的脸上露出了喜色,她宣布这道菜非常美味,并狼吞虎咽地吞下了那一整块烙饼。

朱莉娅在传统的法国烹饪范畴内一直得不到满足,尤其是在她因其而出了名的这些年。可以肯定的是,每当她要做一道大家熟知的法国传统菜式,她一直尽可能忠实于"正宗的"版本。例如,当她在剑桥的时候想要做一份勃艮第特产"欧芹火腿冻"的时候,她发现她已经忘了它本来的味道如何,所以她把食谱放到了一边,直到她能够再次回到法国,去恢复记忆里的味道之后,才会尝试再做。但如果她只是做一份鸡肉或甜点,或者做些好吃的东西,她就可以彻底放松下来了。对她来说,法国烹饪不是一个规则和成分的列表,它是特定的技术和一种思维方式。"我不会做除了法餐之外的任何菜式。"1966年,当她作为头版故事的人物,接受《泰晤士报》的采访时这样告诉记者,"因为法餐才是做起来最有趣、最具挑战性,以及吃起来最好吃的菜式。"该报道称,她做出这个声明,明显是患上了"法国热"。但大约在一年前,为了《法国大厨》节目,她自己发明了一种甜点,把它叫作"梦幻波本"——用花生、红糖、罐头杏、香蕉片和波本威士忌做成。"你看，都是我自己想出的这些名字。"她愉快地告诉席卡。但这一次，她还采用了速食土豆泥，在可丽饼里面塞上任意的东西，只要它们的名字听起来很有吸引力就好（"人们总是很喜欢这样"），在她称为"朱莉娅西班牙海鲜饭"的菜式产生之前，她根据一个比较像样的西班牙海鲜饭方子，不断测试法式、西班牙式以及美国版本的区别，它们尝起来都很好吃，也符合她的想法，即使不是"高档法国菜"，也全部是法式的。她是在法国接受的培训，她的培训形成了她在厨房里所做的一切，只要她不把她的发明拿去冒充历史悠久的食谱，她确信她是真的尊重法餐烹饪的重要精髓的。有一天在《法国大厨》节目里，她把意大利面条拌上了切碎的核桃、橄榄、辣椒和罗勒，然后给它取了一个名字，叫"马可·波罗意面"，并敦促观众们用筷子吃它。是否正宗？当然正宗，她辩解道：这正是对于一餐饭的"真正的法式思维"。"用日常生活中常见的食材，并加一点点的爱和想象力，把它们做成一份有吸引力的餐食——这就是法国人的烹饪方法。"她说。而且这也正是她的烹饪方法。

然而，每一次"千层面"和"西班牙海鲜饭"或是

"咖喱饭"的节目播出后,观众们都很惊骇。"你应该只是好好地去做你自己所熟悉的烹饪类型,把其他国家的菜肴留给那些了解并尊重它的人去做。"一个典型的心烦意乱的粉丝来信这样写道。朱莉娅一直试图解释:"我只是阐释了千层面的概念,没有局限于某个民族。"她这样回信,但人们对这样的解释并不满意。1972年之后,当最后一系列的《法国大厨》节目录制好以后,"法国"这个词在她的书和电视节目的标题里彻底消失了。

然而,当谈论到烹饪技术,朱莉娅还是非常坚定的:这个必须用法国方式,其他方式都行不通。因为,她经常解释道,法国菜是唯一一种有精确的术语和明确规则的菜式,是有一个实实在在的知识体系可以传授的。一旦你学会了规则,你可以将它们应用到世界上任何其他的烹饪流派当中去。对于烹饪的这种狭隘态度与她对于吃的那种敞开的态度是截然不同的。烹饪吸引她的,是她可以想象自己有一个清晰的知识结构,像一个科学家充分调动起自己的所有感性、头脑、手和味觉来参与执行。一种烹饪方法,若是以新鲜食材为基础,以最少的烹饪技术来处理,可能会产生美味食物,但这对她来说,在厨房里就没有了任何趣事,而另外一种烹饪方法也可以声称需要具备复杂的技术，例如中餐的烹饪方法，她则认为，中餐在本质上也是法式烹饪。朱莉娅在 OSS 工作的那几年里开始接触到中餐并喜欢上它，中餐一直是她第二喜欢的菜式。但是对她而言，要想成为一个中餐厨师，最好的方式就是先成为一个法餐厨师。"当你已经学会了切菜的基本方法，你需要做的就只是稍微变通一下你的切菜技术，就可以做中餐了。"她轻率地说道。意大利食物可以很好吃，但是把面条放入开水这样的程序，对于她所说的真正食物的做法来说，实在是太简单了。是法国人把千层面变成了真正的美味。事实上，朱莉娅说，每当法国从其他国家借鉴菜式时，他们总会在原来的版本上做出一些改进。就像她刚刚开始学习烹饪的时候，曾经作为她的指路明灯的那些名厨和美食家那样，朱莉娅选择了一条道路并坚定地走下去。当有志于做厨师的人写信问她他们应该到哪里去学习时，她总是建议他们去法国，她还尽她所能去了解那些法国的烹饪学校的情况，这样她的建议也将是与时俱进的。现在，在教育领域里，她呈现出的正是《泰晤士报》当时评论的那种"法国热"。要学习烹饪，学习以文明的方式进餐，认识食物在一个民族的生活中应有的角色，法国是最好的课堂。

但它仅仅是一个教室,而不是一个神殿。所有她自己认知的法国所带来的狂喜和快乐,以及她和保罗在普罗旺斯心爱的家里所享受到的欣喜,使她没有耐心与那些对于法国的认知还是雾里看花般的美国美食爱好者周旋。她对于法国烹饪、法国生活的见解,好似存在于某处广大无边的极乐高原,是那些土里土气的美国人所无法企及的,这对她来说,极其荒谬。学习法式烹饪规则的意义,就是它们可以体现在法国的食物里:经验都是需要积累的,家庭厨师也能在匹兹堡做出法餐。

法国烹饪那抒情诗歌般的标准是由费雪定下的,她的热情的追随者里有美食爱好者和狂热的散文爱好者,特别是在她的前五本书结集为《吃的艺术》(*The Art of Eating*)于1954年再版之后,粉丝们给她加冕了"文学圣徒"的光环。朱莉娅很欣赏她的作品,她俩也是亲近的朋友,但除了对食物的迷恋之外,她们几乎就没有什么共同语言了。朱莉娅是一名老师:她喜欢清晰、事实和客观。而费雪则是印象派的作家:她喜欢艺术的东西,细致入微地描绘,以及情感。她们之间存在的分歧最终在20世纪60年代中期升级为冲突。朱莉娅同意担任《普罗旺斯的法国烹饪》(*The Cooking of Provincial France*)一书的"顾问和读者",这是由时代生活图书公司(Time-Life)策划的一套豪华的"新国际"系列图书里的第一本食谱书。费雪给这本食谱书写的序言草案充满了田园诗歌般意象的描绘:法国主妇根据季节烹饪菜肴,菜市场充满了美味新鲜的农产品,全家人每天聚在一起吃一顿丰盛的午餐、男女老少都沉浸在那永远属于法国的光辉传统中。朱莉娅无法忍受这层玫瑰色的滤镜。"她是在用'二战'之前的眼光看待法国现在的样子。"她向席卡抱怨道。更糟糕的是,按照朱莉娅的估计,法国在费雪眼里如此光彩夺目,一部分原因是费雪不断地用法国来和最沉闷的美国相对比,好像所有美国人在吃饭的时候都别无他法,全都是狼吞虎咽地吃些冷冻快餐果腹而已。朱莉娅在给时代生活图书公司的评论里说,费雪写得太过浪漫了。没错,法国还没有被"便利为上"征服,但其实到处都可以看到变化。"他们也在用法国自己的方式进行机械化,但那些超市、电视机、脱水土豆泥和冻鱼不会自行消失。"她这样告诉编辑。在朱莉娅的坚持下,费雪稍微做了点让步,但最终的文本还是观点鲜明,她坚信法国烹饪传统植根于法国人的性格,将永远不会被彻底改变。

朱莉娅认为关于法国，除了他们的教条主义，并没有太多是不可改变的；尽管她热爱他们尊崇美食的方式，但她拒绝把美国作为对立阵营。她在巴黎时已经有太多的夜晚听着法国人把所有美国人说成是烹饪白痴，所以她没有耐心听美国人自己也同样侮辱自己人。就像她一拨又一拨的美国同事们一样，朱莉娅初到法国时，也是一个单纯无知的人，极为惊讶地吃到了法国食物，然后带着使命感回到了美国。但不同于那些经历了改变人生的时刻的其他人，她从来没有将她的顿悟作为一个棍棒来攻击她之前的一切。她根本就没有感觉到优越。"法国烹饪不是冷冻快餐和预拌粉蛋糕套装。"她在写《精通法国菜的烹饪艺术》的时候承认。所以在她的余生，她都在关注别人——数以百万计的她的同胞，他们并没有任何过错，只是从来没有人教过他们如何把西蓝花和西洋菜一起搅打成汁，如何用焦糖铺好布丁碗底。有人认为法国的家庭主妇们仅仅因为她们是法国人，就全部都是很棒的厨师，认为她们完全靠本能就获得了自己的技能，随手都可以做出美味可口的餐食，正如费雪在时代生活图书公司出版的书里写到的那样，"就跟呼吸一样自然"。这种概念令朱莉娅觉得十分荒谬。"法国女人不会做饭。"

她坚定地说过很多次。战后生活在巴黎时,她成为为数不多的几个中产阶级的妻子并自己做饭,其他人都是让仆人做的。年轻一些的法国家庭主妇没有这样的奢侈生活,正如朱莉娅指出的,她们也像美国人早年间那样,开心快乐地享受着冷冻食品和其他方便食品。不同的是,美国现在有了"业余爱好"型的厨师:男人和女人们为了乐趣在家里做饭,而且对传统的法国菜也掌握得很好。她对将信将疑的费雪说道:"美国家庭比大多数法国人更了解自己的厨房,因为我们的厨房是那么好用,我们几乎可以毫无限制地做出任何东西。"朱莉娅总是喜欢说,或许正是美国人令法国烹饪的精髓保持了生机,得以延续。

　　甚至对于麦当劳——那些最激进的美食评论家的首要打击目标,朱莉娅也没有觉得有多糟糕。她和保罗在回到美国之后的头十多年在很大程度上忽略了这个连锁店。就像她在1972年告诉记者的那样:"我们知道哪里有好的食物,但麦当劳里肯定找不到,所以我们不去。"但一年后,当《泰晤士报》问及她对麦当劳食物的看法时,她专门去吃了一顿,给出的评论相对温和宽厚:"面包有点软,我最不喜欢巨无霸汉堡,因为它几乎全是面包。但炸薯条却出乎意料地好吃。最值得注意的是,你花不到一美元居然可以买到这么多的食物。它虽然不是理想的营养均衡的一餐,因为全是卡路里,但它能让你生存下去。"从那之后,她对于麦当劳的评论越来越积极,还特别表扬了牛肉芝士汉堡包,虽然她明确地指出,麦当劳不再用牛油炸薯条是一个很大的错误。她在写给麦当劳公司的一封信里提出了抗议:"牛油炸薯条是那么好吃!"她也给了他们一个可以改进的建议:鉴于店里每天都卖这么多汉堡包,麦当劳真的应该开始按杯出售比较体面的红葡萄酒了。

然而,当谈论到更加高级一些的餐厅时,朱莉娅坚定地把法国餐厅放在龙头地位。她和保罗移居剑桥的头十五至二十年,都很少外出就餐,因为每次的经历都几乎是彻底的失望。他们喜欢在波士顿市中心的丽兹酒店吃午饭,他们也愿意去乔伊斯·陈(Joyce Chen)的餐厅,那里被誉为该地区第一家提供精致、正宗中餐的餐厅。但大多数时间,他们都是在家里吃饭,直到很多灵感来自朱莉娅本人的新一代年轻美国厨师开始逐渐成熟起来。第一个打动她的当地餐厅,是在剑桥布拉图大街的"收获"餐厅,那里的厨师莉迪亚·夏尔(Lydia Shire)在20世纪70年代中期开始掌勺。朱莉娅很高兴看到一位女厨师取得了很好的进展,并且她也很喜欢那家餐厅的食物。但每一次她和保罗回到法国的时候,他们总是被那里餐厅的魅力和敬业精神一次次深深地吸引住,特别是他们最喜欢的那些比较随意的小酒馆。他们总是会点那些多年来必点的传统菜肴——"都是些简单的食物,就像一份鱼汤和黄油炸鱼"。而且他们在那样的氛围里感到非常舒适。"不论是烹饪还是服务,他们都认真对待,以及空气里必不可少的欢乐气氛,都是无可比拟的。"在同处于三星级水平的餐厅里,她认为法国餐厅和纽约的餐厅差别不大;但规模较小的那些法国餐厅,她表示,代表着她所热爱的法国的一切。

另一方面,法国的菜市场,完全无法与朱莉娅亲切地称为"我那干净的碧肯街明星市场"相比较,当美国的美食作家们抱怨没有熟透的西红柿和那些黄色的片状再造奶酪时,或是当来访的法国厨师告诉记者,美国市场上的东西因为质量太差了,以至于根本买不到他们需要的食材的时候,朱莉娅感到非常愤慨。"我们昨天在圣佩若,去买了一趟东西,"她1977年在普罗旺斯给家人写信的时候说,"我暗自在想这真的是一个令人厌恶的市场。罐装食物倒也没什么可以抱怨的,但那里卖的肉实在是太恶心了。暗红色的牛肉周围布满了黄色的脂肪,没有大理石般的纹路,肉的表面都已经被风吹干了。(还有大家都已经习以为常的苍蝇)一切看上去都是恶心的……现在他们的货源来自世界各地,而我们在这里可以买到的桃子、李子、油桃还有梨,和在美国买到的一样生硬,还没有完全成熟就已经腐烂了。"在同一封信中她也对刚刚上市的本地西红柿欢呼雀跃:"我们终于可以买到当地的西红柿了,还有美味的新鲜大蒜、又大又白的新鲜洋葱,以及那些嫩小瓜!"寓意是很清楚的,就像她经常说的那样:不管你在哪里,购物都得小心仔细。

那一年在剑桥,她邀请了思路创新、广受赞誉的法国厨师米歇尔·盖拉尔(Michel Guérard)来吃饭,她做了白汁龙虾、羊脊肉、西蓝花和法式苹果挞。这顿饭是一个胜利,她自豪地告诉席卡:"所有这些好吃的食物全部是在超市买的食材。"法式苹果挞里她用了金帅苹果,这个品种饱受诟病,美食界的批评家们专门挑出它来,说它代表了美国工业化农业最糟糕的特点:一年四季都有,永远是硬邦邦的,味道完全平淡无奇。盖拉尔赞扬了所有菜品,包括法式苹果挞。"我觉得有意思的是盖拉尔并没有抱怨采购的食材,也没有对黄油、奶油、蔬菜、肉或鱼有任何异议。"她补充说。她特别高兴的是，盖拉尔和他的妻子对西蓝花交口称赞，西蓝花是朱莉娅最喜欢的美国蔬菜之一，在法国，人们对它闻所未闻。盖拉尔告诉朱莉娅，回到家以后他也要自己种一些西蓝花。同时，她愤怒地说，像凯伦·赫斯（Kallen Hess）和威弗利·鲁特（Waverly Root）这样的作家——是美食评论家里最突出、最鲜明的代表——他俩声称美国人只会吃些泔水。"这些人到底在说什么？"朱莉娅质疑道，"在任何地方你都会看到令人厌恶的东西。"如果买不到优质的食材原料，她说，那就干脆选择另一个食谱方子。也可以买冷冻或罐头食品，然后好好加工一下，直到味道做对了。

方便食品也有可能被用来做成好吃的东西这一理念，令纯粹主义者们惊讶不已，但朱莉娅从来没有只是因为某种食物是工厂里加工出来的，就拒绝用它来做菜。她认为瓶装柠檬汁其实非常好用。一次，制造商给她寄来一些调料盐，她尝试之后非常喜欢，甚至写信给他们建议下次可以试试传统的香料，或者可以参考《法国美食百科全书》，用法国的混合香料做新口味的产品。"我自己一直都是用现磨现做的香料盐，但如果有瓶装的替代品,我也会很高兴的。"如此公然的美国式声明,是一些在法餐烹饪界的同行所不敢轻易做出的。在大部分的食谱里,重要的是烹饪方法,朱莉娅认为:在厨房里,草率、盲目的烹饪方法比任何方便食品都更具破坏力。她之所以讨厌罐头汤,不只是因为它们的口味一尝就知道是罐头汤,更是因为其把速度凌驾于所有其他因素之上。真正的烹饪花费时间。真正的烹饪需要努力。真正的烹饪还需要一点智慧。这些特殊的成分是最基本的,而它们往往正是许多美国食谱当中所缺少的,当然是说那些针对家庭主妇的食谱。有一次,为了帮助他们家族的一个老朋友,她同意看一下一份教堂附属机构的食谱书里面的方子,并谈谈她对于这本书是否值得广泛推广的意见。每当被别人征求意见时,朱莉娅总是尽量诚实地回答,这一次她也很直率。因为如果再推广这本书,那对整个国家将是帮倒忙,她直言不讳地告诉她的朋友,并举了几个例子以表明她的意思。

> 第75页。青刀豆配罂粟籽酱汁——罐头青刀豆浸泡在用一杯半白糖、芥末、盐、洋葱汁、醋和色拉油做成的酱汁里面。"跟将要启程的牧

师道别"是这道菜的名字，呃……大家都知道牧师为什么要离开了吧。

第133页。预包装的青柠味吉利丁混合上水、融化的棉花糖、罐头菠萝、鲜干酪、鲜奶油和坚果。这是一个可怕、可耻、有失专业水准的东西，根本不该有人听到它的存在，更别提要人吃这样的东西。把这样的东西推给美国公众应该被视为重罪。

可能正是这个吉露果子冻让她忍无可忍，它是朱莉娅认为完全无可救药的几种东西之一。但是，如果说她在这个层面与美国的美食和烹饪评论家们结盟的话，她在其他几乎所有问题上都与他们对峙。朱莉娅并不是平白无故地选择了自己的政治立场，正如她在没有仔细研究一本新的食谱书之前也不会平白无故称赞它。从性格和信仰来说，她是一个自由主义者，但从来不是一个盲从追随者。枪支控制、审查制度、堕胎权利——在这些问题上她坚定地与左翼民主党结盟。但当食物都变成了一个政治问题，就像20世纪70年代时那样，她选择了一个自己的立场，使得许多她的同事和崇拜者都感到困惑不解。那些年里，所有的记者、美食作家还有环保积极分子开始将火力瞄准美国的现代农业和食品工业。出版的书籍、发表的文章，还有一些诉讼案例，向人们公布了重化工的工厂化养殖对人类健康造成的威胁和对土壤、水源和生物多样性构成的破坏；他们大肆渲染，痛心于水果、蔬菜和肉类已经失去了它们该有的味道和质地。美国式的美食生活的其他方面——方便食品、过度包装、人工合成的原料以及超市系统本身——也是声名狼藉。美食家们从来就不欣赏美国食品供应系统的技术成分，现在它有充分的理由成为大家嘲讽的对象。

朱莉娅对于这一运动几乎不赞同、不关心，部分原因是因为她不愿意把食品工业当作敌人来看待。从她开始烹饪事业的最初几年开始，如果她想要得到无论是关于面粉还是海鲜的可靠信息，她习惯性地会写信给乳制品委员会、肉类和畜牧委员会、禽蛋委员会等等那些主要的食品公司或贸易组织去询问。"我对大米知之甚少，如果你们有任何文件可以供我了解的话，我将非常感谢。"她有一次曾经写信给稻米协会，强调她想要的是"比较深入的技术文件（而不是典型的家庭主妇要的东西，因为那些不够深入专业）"。这样的咨询给她的邮箱带来了源源不断的业内资料（包括关于稻米的"罐装珍珠米使用食用油乳剂和表面活性剂之后黏度下降"的研究），她收到后立即急切地仔细研读。当这些长期信赖的信息来源与攻击他们的积极分子之间僵持不下时，她选择站在她的信息来源这一边。农药？小牛身体里的激素？鸡里的抗生素？她也研究了这些问题，而且是通过去找那些她过去一直相信的同类专家，并认为他们的话是客观的。

朱莉娅对食品界里那些健康改革者的不信任可以追溯到很多年前。她一直在与营养学家们做斗争。她在《精通法国菜的烹饪艺术》里写道，并在之后的电视节目里做演示：真正的做绿色蔬菜的法国方式，是用大量的沸水去煮。营养学家和家政专家们写信来抱怨说所有的维生素都流进了下水道，他们说经过检验，最好的烹调蔬菜的方法是用尽可能少的水。朱莉娅总是反驳说，用她的方法做出来的蔬菜更加美味，所以人们会吃得更多，从而获取更多的维生素。但评论家们惹怒了她，朱莉娅把早期提倡健康食品的阿黛尔·戴维斯（Adele Davis）叫作"那个令人不快的女人"。她说因为戴维斯的蔬菜软烂又没有颜色，难怪她需要补充维生素药丸。一想到人们可能把食物看作药品,一想到他们坐下来用餐的时候只会想着自己的动脉或者患癌症的风险,就令朱莉娅错愕不已,她与这样的想法长期艰苦斗争。"餐桌正在成为一个陷阱,而不是一种乐趣。"她常说,有一次她指出她还从未遇到过一个"健康、正常、喜欢吃美食的营养学家"。当20世纪60年代开始出现关于胆固醇的文章时,她决定坚决不相信这些理论。甚至在她最终承认减少脂肪摄入的重要性,并且开始设计制定一些更清淡的食谱之后,她仍然在烹饪中给黄油和奶油保留了一种神圣的地位。"在这本书中,我对卡路里和脂肪的认识非常清醒。"她在1989年出版的代表作《烹调之道》(The Way to Cook)里这样告诉读者。果然她在内容索引中收录了"低脂烹饪",并在此标题下列出了二十多个食谱方子。不过每当遇到一个类似"自然美味烤鱼排"这样的菜式时,她又会提出一些好的方法让它"振作起来":比如加点柠檬黄油汁、葡萄酒奶油酱、荷兰蛋黄酱、贝亚恩酱汁(法式蛋黄酱),或者至少要加"1.5到2汤匙黄油(可选的)"。

至于有机食品,对朱莉娅而言,它甚至比健康食品更糟糕。1971年,她收到了来自"美国新鲜水果和蔬菜协会"这个贸易集团寄来的时事通讯,上面报道了一篇题为《"有机食品"论》的文章,作者是西利格(R. A. Seelig)。朱莉娅读完后把文章复印了,还经常引用它,并用它作为自己对很多食品改革者的看法的一个基础。"在今日农业的现实世界里,因为崇尚'自然农法'而觉得所有对自然的改进都是邪恶的这类迷信是不会有一席之地的。"西利格写道,"许多有机食品的狂热分子和'健康食品'的狂热跟风者,他们似乎有一个几近于宗教的信念:只有自然的才是上帝宗旨的体现,而科学的就是否认上帝的计划。"这种类型的语言,可以保证令朱莉娅断然地反对有机农业的倡导者。她和保罗避开了所有宗教组织的教条,朱莉娅从以前在蓝带学院的信仰改变的经历中得出的教训是:科学和逻辑可以在烹饪的每一个阶段,轻松地战胜本能和信仰。"我只是不想跟任何迷信型的组织扯上任何关系,而这些有机狂热者很可能会使信仰变成一种邪教。"她告诉厨师促进食品安全(CHEFS)组织,这个组织提倡厨师们促进有机农业,"我只相信确凿的科学事实。"

对她最有吸引力的科学事实是由"美国科学与健康委员会"(American Council on Science and Health)这样的组织提供的。这是由食品工业部门资助的一个团体,在健康食品改革者们当中臭名昭著,从富含糖分的早餐麦片到转基因番茄等等,他们都是以产业利益至上的观点来阐述的。朱莉娅后来还成了这个委员会的一个财政支持者,并出现在新闻发布会上。她声称食品基因工程是"20世纪最伟大的发现之一",她站出来赞成食品辐照作为食品安全措施,把反对者称为"紧张的傻瓜们",并且在1991年味精被指责的时候,同意为委员会提供有利的证明。因为她自己一直不喜欢味精,所以她拒绝了行内人士为她编造的措辞("像所有厨师那样,我多年来一直都用味精做菜"),而是说味精是"一种无害的食品添加剂,可以让食物味道更好"。她补充说,用误传去吓唬公众,那才是真正的"邪恶"。

关于食品安全的问题,有一个方面她是乐意站在食品安全改革组织这一边的,那就是贝类污染的问题。当众议院的一个附属委员会就这一问题举行听证会的时候,朱莉娅同意提供书面证词,她也在其他场合讨论了这一问题。她在1988年告诉"报刊营养专题编辑和作者协会"的与会人员:"在这个国家销售的鱼类和贝类,只有一小部分是经政府人员做过健康检查的。"解决这个问题的方法应该是彻底高温煮熟——"但是谁会想把一个牡蛎,煮到老得好像一块水泥那么硬？"鱼类的烹饪是她心仪的，所以在她看来，对任何妨碍她做出一份完美的"诺曼底鳎目鱼配白灼牡蛎"的事物都值得提出强烈抗议。

然而在大部分情况下，朱莉娅无法把享受食物和以激进的方式从根本上彻底改变食物系统这样的事情联系起来。打造出这样的一个联结，正是第二拨美食界的热心爱好者们的目的，他们的灵感来自爱丽丝·沃特斯（Alice Waters），她的"潘尼斯之家"餐厅自从1971年在伯克利开业后，催生出了一场被称为"加利福尼亚菜系"的革命。虽然沃特斯和她的同事们也分享了一些"新烹饪"方面的理念，但"加利福尼亚改革"的精神还是非常不同的，他们大肆宣扬法国厨师们鼓励大家把经典法式烹饪变得更加清淡、少些刻板并且更注重新鲜的食材。"新烹饪"那么年轻，所以这些美国餐馆并不需要考虑到有什么历史要遵循。沃特斯曾经被她在法国乡村尝到的家常菜深深吸引，那些家常菜清晰又有深度，有着几乎可以形容为"性感"的朴素之美。她开了潘尼斯之家这个餐厅，就是怀着一个可以在伯克利重新创造那样的食物的梦想——这意味着她的厨师必须如那些乡村厨师一样，从探究他们身边的食材着手。这种强调食材的做法，令美国最新的食品改革既成为了美食运动，也成为了一项政治运动。其目的是减少农业联合企业的涉及范围，同时通过促进选用直接来自本地农民的新鲜食材而提升食物无与伦比的味道——也就是要看到每一家人的鸡汤锅里煮的都是新鲜的本地鸡。

沃特斯非常关注并大力支持附近那些可以给她提供珍贵农产品的小农场、牧场、烘焙店和奶制品店。而她的厨师们则应用他们高超的烹饪技巧，充分展现和阐释每天送到厨房里来的那些新鲜食材。潘尼斯之家有着巨大的影响力，全美各地的厨师们也开始以自己的理解追随伯克利的脚步，这场运动最终被称为"美国新式烹饪运动"。与潘尼斯之家相关的口号——"当地、当季、有机"——在后来开的餐厅里只有零星的几家得此荣誉。尽管如此，一种强大的新观点，即给予新鲜、优质的原材料以头等重要地位的精细的烹饪，在厨师、美食作家和勇于探索的家庭厨师之间已经形成。

朱莉娅认为大部分以"新烹饪"的名义精心设计的创新，是对精致法国烹饪的逻辑与尊严的一种惨不忍睹的侮辱，还有"加利福尼亚菜式"对她来说是一个同样糟糕的主意。她不喜欢那样的食物，她也不喜欢那种高傲、纯粹主义化的购物和烹饪方式。大师级的烹饪，就像她经常说的那样，是对食物进行加工和创造，而不是把几片人道主义饲养的小牛肉放在一个盘子上，加上三个漂亮的小萝卜就可以称作晚餐。她甚至都不喜欢吃人道主义饲养的牛肉；她认为吃起来是无味的。她告诉一份旧金山的杂志：这种对于食材原料的虔诚崇敬，"让我们远离了作为一种艺术形式的烹饪，而变成一种我认为太简单、太无聊的东西"。更糟糕的是，因为强调有机和纯手工的食材，加利福尼亚菜式变得对大多数的美国人遥不可及，他们只会逛超市采购食材，他们这辈子从未见过豌豆苗或者一片芝麻菜的嫩叶到底长什么样。朱莉娅的整个职业生涯都建立在超市之上，她觉得推广一些稀有得连西夫韦（Safeway）和"停下买"（Stop & Shop）这样的连锁超市都买不到原材料的烹饪体系毫无意义。

许多朱莉娅的忠实追随者听到她表达了支持工业化的意见之后，几乎不敢相信自己的耳朵。一个粉丝在发现朱莉娅觉得辐照食品完全没有错的时候惊愕地说："天啊！你作为我最喜欢的人，居然这样说！"但在朱莉娅看来，她并不是支持工业化，而是支持食物。除非不容推翻的证据可以证明存在危险，如果有任何措施限制她自由地选择食物,或把某一类的食物排除在外,或嫁祸于任何一种食物……那么她就会完全反对。在她看来,辐照完全不会构成任何威胁,对人体的潜在伤害甚至没有素食主义那么糟糕。每次一吃牛排就感觉到畜牧业的残忍;每舀一勺奶油就联想到自己的胆固醇含量;因为四季豆是从冰箱的冷冻室里拿出来的、盒装的,就遭受讥讽——美国人和他们的餐食之间这面怀疑高墙远比食物本身的任何缺陷更糟糕。她在1990年告诉一个采访她的记者:"如果对食品的恐惧之心继续延续下去,美国的美食行业即将面临死亡。"朱莉娅当然可以尝出散养鸡和工厂养殖的鸡肉之间的差异,但她拒绝相信好的烹饪必须要求某种程度的小心谨慎,那样的谨慎通常只与管理慢性疾病有关。

就在朱莉娅1963年开始上电视之后不久,波士顿历史悠久、德高望重的皮尔斯公司(S. S. Pierce)——这是一家专门销售各类品种丰富的水果、蔬菜和肉类罐头的公司,请她写一篇利用这些罐头食品做菜的文章,打算印刷在他们公司的产品目录里。朱莉娅对这项任务感到很高兴——这是因为在她决定要拒绝所有商业广告的一年前——她试用了几十种皮尔斯公司的产品。她觉得"小胡萝卜"不错，尤其是当她用自制的一种红烧酱汁和西香芹给它们调味后特别好吃。但"鸡皇"却是需要她大费周章才可入口：她加了碎火腿、青葱、煮鸡蛋、龙蒿，还有一点玉米淀粉来增稠，甚至还加了一些味美思酒。不管她怎么做，"罐头牛油果汤"都味同嚼蜡。无可否认，"罐装鸡肉"又老又柴，在用醋腌制、再加入了自制蛋黄酱之后，它才稍微有了点味道。

她不得不使出浑身解数才使这些所谓的方便食品可以入口，这是非常具有讽刺意味的，可是朱莉娅根本没有注意到这一点。对她而言，它们只是水果、蔬菜和肉类，和其他食材一样，需要一个厨师尽其所能来处理它们。手上拿着一罐皮尔斯公司出品的金枪鱼罐头，她决定写下一道在美国史上最以方便闻名、也是被世人嘲笑最多的晚餐菜——然后把它做成一个好吃的版本，让它值得端上任何她认识的人的餐桌，也包括她自己的餐桌。

> 取沥干水分的罐头金枪鱼 2 量杯，放进小碗。鱼肉切片，然后拌入 2/3 的奶油酱。如果你喜欢，再拌入 2 至 3 片煮鸡蛋和 1/3 量杯的粗磨瑞士奶酪。重新调味。把米饭或面条煮熟，

拌上黄油,调味后铺在一个 2.5 升的砂锅锅底,把拌好酱汁的鱼肉倒在上面,最后浇上其余的酱汁。

撒上 2 至 3 汤匙磨碎的瑞士奶酪和 1 汤匙切成小粒的黄油。在准备上菜前半小时,把砂锅放进预热至 180℃的烤箱中,烤至菜肴冒泡且表皮焦黄。这是一份美味的主菜,只需佐以蔬菜沙拉和优质波尔多白葡萄酒或玫瑰葡萄酒,就是一顿非常美味的盛宴。

这当然是史上唯一一个金枪鱼杂烩菜谱,包括说明里的"重新调味"。

第七章 她真心喜欢吃

朱莉娅从来没有用过"gourmet"(美食家)这个词。她对美食家倒是情有独钟,至少当它和她最喜欢的那个大家都热爱食物的巴黎妇女组织挂上钩的时候;但当 gourmet 这个词被大多数美国人四处宣扬的时候,在朱莉娅看来,它已经变成了一个令人讨厌的词,其中混合了自负、虚荣、势利和无知。当朱莉娅、席卡和路易赛特要为她们的学校取一个名字的时候,她们决定用"gourmandes"(美食爱好者)来代替。作为一个美食爱好者,朱莉娅解释说:"他应该彻底了解美好的食物,融会贯通,而且还有一个很好的胃口。"后来在为《精通法国菜的烹饪艺术》一书写介绍的时候,她尝试了对这一主题的措辞,她一次又一次地修改,谈及谁是她的目标读者,或者到底是哪种类型的美国人会自己在家里做烤乳鸽并配上鹅肝小点心——"我们想象我们的读者是那些爱吃、爱做饭并想要学到一些实际的法国烹饪技术的人。"她在草稿中这样写道。现在和永远,有效的词语都是"爱"。在其他的介绍笔记里,她把这本书称为"严肃并有爱的"。她说这本书是给那些"爱吃的人,因为他们是这个世界上最棒的厨师"。或者,在她们友谊的早期,她对艾维斯说的:"喜欢吃的人总是最好的人。"他们殷切热诚、对食物充满欲望、乐于工作，而且总是在探索中发现乐趣——对于朱莉娅来说，热爱食物与热爱生活异曲同工。她坐下来开始为一本杂志写一篇文章，周围铺满了笔记、食谱和参考书……她的工作日的日常就是如此。她曾经问自己"为什么法国菜这么好吃"，文章则以这句话开头："是爱，使它如此美味。"

朱莉娅热爱食物体现在许多方面，并有许多原因。美好的味道总是令她爱上刚刚尝过的食物的一个好理由，但糟糕的食物也自有其魅力。她第一次与传说中那苦难不幸的英国食物相遇时，她着迷了："你看，在一个巨大的白色盘子上杂乱地趴着一堆湿米饭，旁边放了几大块带骨头的、发黄的、煮透了的鸡肉，每一块上都浇了一些浓稠的白色糨糊一样的东西，几根鸡毛透过糨糊冒出来，正在慢慢地随风摇摆。"那一顿饭的每一刻都索然无味，都没有辜负它的名声，她很珍惜这样的经验。另一次在他们普罗旺斯的家中，她把一个玛德琳蛋糕在法国草药茶里蘸了一下再吃，高兴得几乎晕过去。并不是因为她喜欢那个味道，玛德琳蛋糕是她从商店里买的普通的那种，她高兴的是她尝到了普鲁斯特在书中所描述的那种特殊的味道。那样的组合确实产生了一种非常独特的味道，那是一种可能会超越记忆的味道，直到几十年后又尝到一个玛德琳蛋糕才会再一次释放的味道。"她不能忘记那个味道。"艾维斯事后这样告诉朋友们。

食物也是一种滋养，是她知道的唯一可以令人复原的东西。朱莉娅治疗感冒的首选方法就是爬到床上，倒上一杯加冰的波本威士忌；但如果是情绪问题，她会马上钻进厨房。与食物相处不仅仅是一种慰藉，也是她鼓励自己继续前进的动力。1968年，在她的乳房里发现了一个肿块，她本是去医院做一个活体组织切片检查，醒来后发现医生已经给她做了一个根治性的乳房切除手术。虽然之前医生警告过她有这样的可能性，但真正发生后对她仍然是一大打击。起初她只是坐在浴缸里哭。"第一眼看到残缺不全的那一边时，是非常令人伤心的。"她后来回忆道。但她一恢复到有点力气了，就直接去工作了。还有什么更好的方式来调理恢复？反正她需要待在家里，那不妨试试看如何可以让娇气的美国人学会吃牛肚。一想到那些美味的牛肚会在锅里跟胡萝卜、韭葱、大蒜、葡萄酒和猪蹄一起慢炖十二个小时后的味道，她立即精神大振。

不论朱莉娅做什么好吃的，最主要的成分就是她对食物的欣喜若狂。她珍惜每一个能够亲手把一整只鸡或一整条鱼去皮剔骨、掏除内脏的机会——"我每一次都会给自己计时间，看看我到底有多快。"她告诉艾维斯。保罗形容的是他经常听到"我那温柔的娇妻"热情高涨地在厨房里乒乒乓乓、敲敲打打、切切剁剁，偶尔会用法语骂小猫两句。她做了一次引以为豪的大餐，用马德拉葡萄酒和干邑，加上松露腌制的鹅肝，然后裹在猪的网油里面，白灼。"我们八个人，每人都用一把勺子舀着吃，我们吃得渣都不剩。"——然后她快乐地期待着圣诞节之后那漫长的日子里的午餐，因为她每一天都可以吃到她最喜欢的剩菜（冷的火鸡、弗吉尼亚火腿、自制蛋黄酱和樱桃小番茄）。她有一次曾经若有所思地对她的编辑朱迪思·琼斯说："茄子，应该买嫩的但手感稍硬的，没有皱皮的那种，就好像'哈佛大学拉德克利夫学院那些新生漂亮迷人的手肘、双臂和膝盖那样'。"在完成了《精通法国菜的烹饪艺术》详尽的食谱配方研究多年后，她仍然热衷于烹饪方面的挑战，就好像一只狗会兴高采烈地去追逐一个飞盘那样。花好几天的时间去探寻用什么样的方法做出来的柠檬挞最好吃，会令她非常愉悦。在像跑马拉松一样尝试做了二十五个草莓舒芙蕾之后，她还是会迫不及待地想用她认为应该会更好的方法再做一个。即使在她的职业生涯晚期，每次上课或演示的时候，她都会特意开发出一个新的食谱方子。如果她用自己已经出版了的书里的任何一个方子来演示，她的观众也并不会介意，但朱莉娅想要继续挑战自己，要不断推进，实现她所说的"终生工作"。她讨厌在厨房做的只有两件事：油炸，因为会搞得到处油腻腻的，油油的气味也不容易散开；还有就是做什锦餐前小点，因为它们太过娇美精致了。在朱莉娅心目中，鸡尾酒会小食是一个厚厚的美味火腿三明治。

有一次《大都会》（*Cosmopolitan*）杂志的一个记者让她说说她最喜欢的"狂欢"食品。朱莉娅回答说没有，"也许生活本身就是一场最好的狂欢。"她说道。当她在1975年说出这句话的时候，她正经历着一生中压力最大的时期，已经煎熬了她快一年的时间了：保罗在心脏手术和一系列中风之后，病情长期缓慢恶化。差不多十五年以来，保罗渐渐失去了体力和心理精神功能，以及他大部分的个性。这是他们作为一个工作团队的结束，但朱莉娅仍然尽其所能地尊重他。无论她去哪儿——电视台排练或录像、参加商务会议、以她的名义举行的招待会、一场晚宴——保罗就像他以前一直做的那样，陪她出席所有这些场合。在1976年一次去华盛顿的时候，他参加了所有的宣传活动，包括电台节目。朱莉娅说："即使他答非所问，也没有什么关系。所以我们还是照常进行，只要他开心就好。"他还是会查看邮件，并写下一些评论，但他曾经雅致的字迹已经不复存在，他抖抖地写在页缘的笔记："我觉得这个无法看懂"，"这到底是在说些什么"。有时他在餐桌上打瞌睡，有时因为他听不懂对话而变得困惑或愤怒；他俩经常会提前离开一个社交场所。朱莉娅从来没有对她的沉默做出过道歉，有时陪伴保罗是困难的，但他在晚餐时打瞌睡的时候，她也会把他戳醒。"他通常都很高兴，他说人们只是想不清楚，也不说清楚，难怪没有人能理解到底发生了什么事！"她在1985年告诉席卡，"只要他是这样感觉的，那我们就得救了。"

两年后，他的病情非常明显地恶化了，朱莉娅不得不承认他是"真正在走下坡路了"，但即使那时她也充满期望。"幸运的是，他不知道自己现在的状态，仍然还有些幽默，到目前为止胃口也还不错，"她告诉席卡，"感谢上帝我有很多工作要做。"在这些年里，法国从他们的生活中消失了，朱莉娅在剑桥买了一套公寓房之后，他们在漫长的冬季里搬到圣巴巴拉去住。最后,在1989年,她被迫把他送到了一个疗养院里,她每天要去探视好几次,当中还不断地打电话关心。五年后他去世了。

朱莉娅哭了,但她从来没有为自己感到难过。她很少考虑自己的死亡:"但愿我们都像火箭一样一发了事,不要做慢断保险丝!"但是她认为提前很久就做好一个晚年计划还是非常明智的。她的计划包括确保在圣巴巴拉一个养老院里为她自己"最后的日子"保留一个住处。她知道她会活得比保罗长久,她也不想当一个住在剑桥大房子里的"精神失常的老太太"。然而,自从保罗离开了她,她才发现自己越来越意识到,没有儿孙的老人意味着什么。她从来没有把她不能生孩子这件事视为一个多么巨大的遗憾,她只是接受了这个事实。但现在,她告诉席卡,她可以看到像她俩这样没有子嗣的女人,和像艾维斯那样老年的时候儿孙绕膝的人之间的差别了。"所以,我们要照顾好自己。"朱莉娅用她特有的方式结束了这个思绪。结果,她最后的几年里不但有家人、朋友和同事们的陪伴,令她高兴的是,还有一个名叫约翰·迈克真奈特(John McJannet)的,高大、迷人的鳏夫,在20世纪90年代陪伴了她几年。

记者经常问她如果她坐下来享用最后一顿饭的话，会吃些什么东西。牡蛎，她常说，还有烤鸭。一份美味的沙拉，一个熟透的梨，一块巧克力。有一次一位记者想知道如果她要为上帝做一餐的话，她会做什么菜。朱莉娅是一个虔诚的无神论者，但一说到食物她就两眼放光。她很高兴能对这样一餐饭深思熟虑，一定要非常独特的美味，上帝才会很高兴。要让他吃完这一餐之后，发现即使是经历了那么多的麻烦把世界创造出来，毕竟也还是值得的。"要如何给他展示地球上的奇迹呢？嗯，我们要做一道美妙的白灼新鲜洋蓟，中间是牡蛎配白色奶油酱，非常非常好吃。你也可以加一些松露。然后，我会做一种我自己的方子的鸭子，配一些新鲜可口的芦笋和一些炖比利时菊苣，再加上我做的几个新鲜法式面包卷。"一个覆盆子的酥皮点心，然后来一点沙冰收尾，这对朱莉娅来说构成了"神圣"的一个不错的定义。

但有一次，当美食爱好者和餐馆老板乔治·郎（George Lang）为了杂志专栏而来问她关于最后一顿饭的问题时，她的回答周到、详细，好像她真的是在想象生命的告别晚宴。她以最重要的因素开始："我的最后一顿饭会在家里跟一两个我喜欢的朋友一起做饭。"餐桌旁会坐六个人，这是她一直认为最合适参加晚宴的人数，头盘是科缇伊特牡蛎，"配上几片薄薄的自制黑麦面包，稍微抹上一层薄薄的黄油"。接着是鱼子酱和伏特加酒，然后再来上一点"很新鲜的、上好的加利福尼亚芦笋"，主菜选她最喜欢的鸭肉之———"先把鸭子整个地烤，鸭胸肉还在半熟的时候，把鸭胸肉、鸭腿和鸭翅膀分开来用鸭油油浸，配上一点很好的波特酒酱汁。"豌豆和马铃薯也会跟鸭肉一起上，还有一瓶好酒，可能是一瓶清淡的勃艮第红葡萄酒或波尔多的圣艾米利尔恩红葡萄酒。沙拉就只需要生菜和菊苣，沙拉的酱汁里有新鲜柠檬汁和法国橄榄油，上面或许撒点核桃仁。"我喜欢沙拉和奶酪一起吃，但我们也会同时配一瓶葡萄酒，因为沙拉里面几乎没有酸性的东西。"她解释道。一瓶勃艮第葡萄酒可能非常合适，这得取决于配的是哪一种奶酪，她不仅要指定用哪一种面包，而且要指定是哪一家面包店出品的——"必须要配上很好的法国面包，或许可以用拉贝米凯家的法国面包，还有一些圣巴巴拉家的酸面包。"至于甜食，她自己最喜欢的是：手指饼、夏洛缇皇家蛋糕配伊甘堡滴金酒庄的甜葡萄酒。还有成熟的葡萄和考密斯梨，也许还有松露巧克力配咖啡，还要有"精选的几种优质利口酒"——卡巴度斯苹果白兰地酒、覆盆子烈酒,李子酒和马克戎勃艮第白兰地酒——它们可以轮流出场。"至少,这一餐应该很适合现在的我了,"她说,"可能到时候也会适合我,对,最后一餐这样吃也不错。"

她的最后一餐有点简单。2004 年,朱莉娅住在圣巴巴拉,在做了膝关节手术一年之后,她越来越虚弱,先后经历了术后并发症和感染、肾功能衰竭,再次的膝关节手术,还有一次中风。膝关节手术后的恢复是无尽的痛苦与折磨:想要站起来是那么疼痛难忍,中风之后的她又是那么虚弱,在她生命中,她第一次拒绝了再尝试。她长期以来的助手斯蒂芬妮·赫什(Stephanie Hersh)告诉康复人员将朱莉娅的轮椅推到厨房里,并让她切一些洋葱。居然就奏效了——厨房的工作台似乎给了她站起来的力量,看来可以开始康复了。但在接下来的几个月里,她的世界开始衰落,她的日子不多了。她很喜欢开车去看电影,但这些都变得不可能了。她再也不能坐在电脑面前工作了。她睡得很多。朋友们纷纷前来短暂地探视她,这让她很开心。而食物始终都是一种快乐的源泉。共同工作了这么多年之后,斯蒂芬妮非常清楚朱莉娅的胃口,在 8 月 11 日那天,她做了一锅洋葱汤,用的是《精通法国菜的烹饪艺术》里的方子。浓郁洋葱汤的香味一直是朱莉娅的最爱之一——"这是一种奇妙的味道，也很开胃。"她曾在《法国大厨》节目里闻着洋葱、黄油、肉汤和葡萄酒的香气这样说过。8月的那个夜晚，晚餐她吃了洋葱汤，吃得很开心。第二天，医生打电话给朱莉娅报告说，她感染了病毒，不得不住院治疗。朱莉娅非常不情愿。住院治疗能让我更好吗？她问。不，医生说，不会有太多帮助。她于是决定放弃治疗。是时候离开了：她已经拥有了所有她想要的，她很感激，她的人生很圆满。斯蒂芬妮把她安顿在床上打个小盹，她的猫就在她旁边的被子上，朱莉娅再也没有醒来。她在8月13日的早晨离世，那是她九十二岁生日的前两天。

在朱莉娅去世后的几个月里，许多人拿出已经成了旧书的《精通法国菜的烹饪艺术》，做了一餐以示告别；还有些人很好地模仿了她独特的声音；几乎每一个记得她的电视节目的人，都举起酒杯对着天堂的方向，衷心地说出一声"祝你好胃口"。她那些早就已经不做奥尔洛夫王子牛肉的粉丝们，不会忘记他们从朱莉娅那里学到的烹饪方法。学习如何做到这一点，她会说，拿起一把刀或一个鸡蛋或一只活蹦乱跳的大龙虾,试着这样做,你可以做到。重要的是决心,技术是你们需要的唯一捷径,以及,任何需要很长时间才能做好的食物,可能都是值得等待的。食品行业正花费数百万的钱,再三强调着相反的信息——速食,但朱莉娅有一个力量源泉,那是任何广告预算也买不起、敌不过的:人们相信她。她是一个罕见的、从未失去魅力的名人。

在她去世后的讣告以及追忆活动里,她总是被誉为那个把美国人从只知道喝罐头汤的50年代带领到一片充满了精选佳酿和融合美食的土地上的人。或者,她的成就经常被总结为:向美国人介绍了法国熏肉奶酪塔的那个女人。朱莉娅比任何人都清楚地知道,事实上她并不是向美国人介绍了法国熏肉奶酪塔的人。早在1957年,那时她还生活在华盛顿,她写信告诉席卡她的洛林熏肉奶酪塔和小扇贝的食谱广泛流传,已经变得"非常有名了",当然,不像比萨那么有名,但不奇怪。在这片流行用蛋糕预拌粉的土地上,在《精通法国菜的烹饪艺术》出现之前,精细讲究的家庭烹饪早就已经有一批支持者了。朱莉娅作为第一个吃螃蟹的人,而且是单枪匹马地去实施的,是让精细讲究的家庭烹饪发扬光大。出版商、美食编辑、电视台行政人员，整个食品行业里，那些曾经认为美国妇女就是永远只会做冷冻鸡肉馅饼的每个人，都不得不重新考虑随着《法国大厨》的播出而带来的许多设想。食谱书也有了变化，因为出版社看到了热心的读者们对于食谱书的需求——既提供食谱方子，又详细解释烹饪技术的形式。诚然，在20世纪六七十年代，大多数人不会一看到朱莉娅的食谱书就赶紧翻开书做一顿晚餐，就好像他们不会爬上一辆独轮车骑着它去上班那样。这些方子或许看起来很有趣，但不一定实用。全美各地的家庭餐仍然是以大家已经熟知的比如传统肉糜卷和猪肉大排这样的食物为主，节食减肥也在不同的厨房里出现了踪迹。但朱莉娅凭借杂豆炖肉和白葡萄酒鱼酱而一夜成名是无可否认的。显然，真的有些人想要买打蛋器、青葱和食品料理机，真的有些人想要尝试跟着长长的食谱做法国菜、中国菜、意大利菜或者印度菜。如果是这样的话，饮食界没有人会阻挠。她的食谱书和电视节目的成功，创造了一个永久性的并且不断扩大的美国佳肴的细分市场。

朱莉娅自己想到的留给世人的遗赠并不局限于厨房。在她过去十五年或二十年的生活里，她思考了很多如何才能把烹饪学作为一门学科建立起来——"就像建筑学，"她在 1989 年告诉一个记者，"建筑师们花了很多年来建立的建筑学，表明它不只是一个纯手工业的事情，那就是我所希望发生的。烹饪学，将会是一个与其他艺术形式一样的学科，主修美食。"她把大部分时间和精力，以及她大量的名望，都投入到了这个梦想中。她努力游说波士顿大学成立这样一个学科，波士顿大学于 1991 年通过其大都会学院开始设置美食系的文科硕士学位的时候，朱莉娅终于得偿夙愿。1996 年，纽约大学也设立了食品研究课程的大学本科和研究生学位；当这个理念风行全美之后，食品研究逐渐成为学术界最活跃、发展最快的学科之一。朱莉娅也是哈佛大学施莱辛格图书馆的大力支持者，这里是全美数量最可观的烹饪书籍收藏馆之一。她捐赠了自己的论文，并说服了席卡和艾维斯做了同样的事情。她对于图书馆活动的参与也为其带来了相当大的知名度。她想象总有一天，全美国所有的烹饪书籍都将"通过电脑连接到一起"。施莱辛格作为美国国家研究网络的中心，是源源不断的新发现和新想法的策源地。

"我，我不是一个知识分子。"她早年间曾经哀伤地跟艾维斯这样说过。但她当然是——她对食物的热情，贯穿她的整个身体,并激发了她的大脑。她给食物世界的一个永恒的礼物,是让人们认识到,烹饪可以是一个有才华的人毕生的挚爱,也可以成为一项终身事业。

法国的烹饪、朱莉娅的风格,在无数的宴会上活跃了十年左右,但最终让位给了更简单、更清淡的菜。虽然《精通法国菜的烹饪艺术》仍然是学习法国烹饪技术和食谱的黄金标准,但现在很少会有宴会主人像朱莉娅早期的粉丝们那样,跟着她的指导,做出一顿完整的、让人头昏的大餐了。她去世的时候,美国烹饪更多的是受到了加利福尼亚和意大利的直接影响,远远超过她的任何一本书的影响,而她曾一度占据的烹饪舞台上已经挤满了各种明星。朱莉娅欢迎所有的人,她一直在寻找她所说的行业"新血液"。然而,在朱莉娅之后出现的那些多产又上镜的烹饪专家,不大可能像朱莉娅曾经那样感动过观众。今天似乎有两种好厨师:想给人留下深刻印象的厨师,还有那些想让大家吃上美味的厨师。一顿饭可能在两种情况下都会很美味,但你永远可以看到二者的区别,有一部分原因是当厨师端来盘子的时候,他的脸上写满了"欣赏我",而另外一些厨师脸上的表情似乎说:"你看,这是你的,快吃吧!"朱莉娅在做饭的时候,我们永远看不到她的自负,她的自信完全投入到了食物上。"谢谢你!"粉丝们常常在来信中写道。这是他们想告诉她的第一件事。看着她入迷地闻着香草豆荚,或把鳗鱼的头钉在一块木板上以便更容易地剥开,或把一根新鲜出炉的法棍面包放到耳朵上,然后说:"看这些裂纹!"或者拿起一把勺子,不可思议地用它打蛋白——他们明白,她是在教他们如何生活。

资料来源

朱莉娅·蔡尔德把几乎所有的私人书信和专业论文都交给了哈佛大学的施莱辛格图书馆，而在那几十个箱子里，我找到了这本书中大部分的事实、推论和引文。图书馆也收藏了艾维斯·蒂沃托的一些文件，她的信函为我们提供了关于《精通法国菜的烹饪艺术》的出版事宜，以及朱莉娅那个时代的生活和一些细节。

在其他的资料里，对我来说最重要的是诺埃尔·莱利·菲驰（Noel Riley Fitch）所著的《对生活的热爱：朱莉娅·蔡尔德传记》（双日出版社，1997年出版）。我主要用它来了解朱莉娅在加利福尼亚度过的童年和她所受的教育，以及她刚刚大学毕业以后的生活。《间谍姐妹：OSS的女人们》，作者是伊丽莎白·麦金托什（Elizabeth P. McIntosh）（海军学院出版社，1998年出版），这本书为我提供了朱莉娅战时的经历。多年来，曾经采访过朱莉娅的记者有几百人,但最真实的还是《泰晤士报》的封面文章(1966年11月25日发表)以及由加尔文·汤姆金斯(Calvin Tomkins)在《纽约客》(1974年12月23日发表)上的文章。这两篇我都借鉴了,还有少数的一些其他报纸、杂志的文章。

为了描述和引用朱莉娅在电视节目里的故事,我用了施莱辛格图书馆档案里的笔记和文字记录,还有由波士顿公共电视台制作的《法国大厨》节目的DVD。

很遗憾"企鹅人生"系列丛书的版式不包括脚注,想要追溯具体参考资料的研究人员请写信给我,我来转交出版商。

致 谢

我首先要感谢,而且永远要感谢的是费恩·伯曼(Fern Berman),是他有一天打电话给我,传达了非常好的、形成这本书的想法。在随后的研究过程中,我得到了来自玛丽莲·麦娄斯(Marilyn Mellowes)、斯蒂芬妮·赫什(Stephanie Hersh)、琼·瑞尔东(Joan Reardon)、克拉克·沃尔夫(Clark Wolf)、帕蒂·温特曼(Patty Unterman)、琳达·迈克珍妮特(Linda McJannet)、瑞贝卡·阿尔西德(Rebecca Alssid)、弗兰·卡彭缇尔(Fran Carpentier)、朱迪丝·琼斯(Judith Jones)和肯·施耐德(Ken Schneider),以及波士顿公共图书馆和史密森尼学会的图书管理员的慷慨相助。一如既往,施莱辛格图书馆的工作人员不仅用出色的工作效率支持和帮助了我的研究工作,而且也不断地给予我很多启发。

许 可

我还要对以下机构和个人表达谢意,感激你们的许可,我才得以发布这些资料信件和其他著作中的摘录:

朱莉娅·蔡尔德美食与烹饪艺术基金会的托管人,威廉·特拉斯罗(William A. Truslow)。

哈佛大学拉德克利夫高等研究院的亚瑟和伊丽莎白·施莱辛格美国妇女历史图书馆。

哈佛大学施莱辛格图书馆馆藏的马克·德沃托与艾维斯·德沃托的往来书信。

企鹅人生
Penguin Lives

乔伊斯	[爱尔兰] 埃德娜·奥布赖恩 著
简·奥斯丁	[加] 卡罗尔·希尔兹 著
佛陀	[英] 凯伦·阿姆斯特朗 著
马塞尔·普鲁斯特	[美] 爱德蒙·怀特 著
伍尔夫	[英] 奈杰尔·尼科尔森 著
莫扎特	[美] 彼得·盖伊 著
安迪·沃霍尔	[美] 韦恩·克斯坦鲍姆 著
达·芬奇	[美] 舍温·努兰 著
猫王	[美] 鲍比·安·梅森 著
圣女贞德	[美] 玛丽·戈登 著
温斯顿·丘吉尔	[英] 约翰·基根 著
亚伯拉罕·林肯	[澳] 托马斯·基尼利 著
马丁·路德·金	[美] 马歇尔·弗拉迪 著
查尔斯·狄更斯	[美] 简·斯迈利 著
但丁	[美] R. W. B. 刘易斯 著
西蒙娜·韦伊	[美] 弗朗辛·杜·普莱西克斯·格雷 著
圣奥古斯丁	[美] 加里·威尔斯 著
拿破仑	[英] 保罗·约翰逊 著
朱莉娅·蔡尔德	[美] 劳拉·夏皮罗 著
弗兰克·劳埃德·赖特	[美] 阿达·路易丝·赫克斯塔布尔 著

Simplified Chinese Copyright © 2019
by SDX Joint Publishing Company.
All Rights Reserved.

本作品中文简体版权由生活·读书·新知
三联书店所有。
未经许可，不得翻印。

First published in the United States under
the title JULIA CHILD by Laura Shapiro.
Published by arrangement with Kenneth
Lipper LLC and Viking, an imprint of Penguin
Publishing Group, a division of Penguin
Random House LLC. All rights reserved.

A Lipper / Penguin Book

®"企鹅"及其相关标识是企鹅图书有
限公司已经注册或尚未注册商标。
未经允许，不得擅用。
封底凡无企鹅防伪标识均属未经授权之
非法版本。

图书在版编目（CIP）数据

朱莉娅·蔡尔德／（美）劳拉·夏皮罗著；
万可译．—北京：生活·读书·
新知三联书店，2019.11
（企鹅人生）
ISBN 978-7-108-06543-8

Ⅰ.①朱…　Ⅱ.①劳…②万…　Ⅲ.①朱莉娅·蔡
尔德－传记　Ⅳ.① K837.128.2

中国版本图书馆 CIP 数据核字（2019）
第 057634 号

责任编辑	卫　纯
特约编辑	毛文婷
装帧设计	蔡立国
版式设计	薛　宇
封面版画	袁亚威
责任印制	宋　家
出版发行	生活·讀書·新知 三联书店
	北京市东城区美术馆东街 22 号
邮　　编	100010
网　　址	www.sdxjpc.com
图　字	01-2018-3047
经　　销	新华书店
印　　刷	河北鹏润印刷有限公司
版　　次	2019 年 11 月北京第 1 版
	2019 年 11 月北京第 1 次印刷
开　　本	787 毫米×1092 毫米 1/32
字　　数	230 千字　印张 7.875
印　　数	0,001-8,000 册
定　　价	34.00 元

印装查询：01064002715
邮购查询：01084010542